KB041967

생각하고 토론하는

중국 철학 이야기 ②

중세—제국의 논리에서 마음의 탐구로

생각하고 토론하는

중국 철학 이야기 ❷

중세—제국의 논리에서 마음의 탐구로

지은이 · 백민정 | 일러스트 · 신동민 | 펴낸이 · 김직승 | 펴낸곳 · 책세상 | 초판 1쇄 펴낸날 2006년 11월 30일 | 초판 2쇄 펴
낸날 2014년 4월 30일 | 주소 · 서울시 마포구 광성로1길 49 대영빌딩 4층(우편번호 121-854) | 전화 · 02-704-1251(영업부)
02-3273-1333(편집부) | 팩스 · 02-719-1258 | 이메일 · bkworld11@gmail.com | 홈페이지 · www.bkworld.co.kr | 등록
1975. 5. 21 제 1-517호 |
ISBN 978-89-7013-601-1 04000
        978-89-7013-599-1 (세트)

생각하고 토론하는

중국 철학 이야기 ②

중세—제국의 논리에서 마음의 탐구로

백민정 지음 | 신동민 그림

생각하고 토론하는

차례 | **중국 철학 이야기 ②**

중세—제국의 논리에서 마음의 탐구로

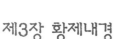

제10장 혜능

세계로 향하는 길, 내면으로 향하는 길

들어가는 말

중세 중국의 철학자, 그들은 무엇을 고민했을까

중국 철학 이야기라고 하면 우리나라 사람들은 대부분 먼저 공자(孔子)를 떠올린다. 그리고 이어서 인(仁)과 예(禮)를 중시하는 유학(儒學) 사상을 떠올린다. 이것은 성리학(性理學)을 대표로 하는 유학 사상이 500년간 우리 정신 세계를 지배했기 때문이다. 물론 이런 경향은 중국도 예외가 아니다. 그래서 제자백가(諸子百家)로 대표되는 고대 중국의 철학사와 성리학으로 대표되는 근대 중국의 철학사 사이에는 별다른 철학적 진보가 없는 것처럼 보인다. 그러나 이것은 유학을 중국 철학의 주류로 보았을 때 생기는 일종의 착시 현상이다. 중국의 중세는 오히려 철학적으로 다채롭고 극적인 시대였다. 그렇다면 중국 철학사에서 중세란 구체적으로 어떤 시기를 가리키며, 나아가 이 시대 철학자들의 고민은 무

성리학(性理學)은 글자 그대로 인간의 본성(性)을 포함한 사물의 이치(理)에 대한 학문이다. 고대 중국의 유학자 맹자(孟子, 390?~305?)의 성선론(性善論)을 토대로 성리학은 인간과 모든 사물들의 이치를 태극(太極)이라는 일원적인 실체로 수렴하는 거대한 체계를 구성했다. 주희(朱熹, 1130~1270)에 의해 체계화되었기 때문에, 성리학은 주자학이라고도 불린다.

엇이었을까.

중국 최초의 통일 제국 진(秦)나라를 세운 진시황(秦始皇)에 의해 전국시대(戰國時代, 기원전 403～221)가 종결되자 중국은 유례없는 대제국의 시대로 접어든다. 이때부터 송(宋)나라가 건립되어 유학의 가치를 형이상학적으로 체계화한 성리학이 지배적 학문으로 대두한 기원후 960년 이전까지가 이 책에서 다루는 시기다. 1,000여 년에 걸친 이 오랜 기간은 사상적 측면에서 크게 둘로 나누어볼 수 있다.

첫 번째 시기는 진시황의 진나라와 유방(劉邦)의 한(漢)나라가 제국으로서 군림하던 시기다. 이 시기는 진시황이 천하를 통일한 기원전 221년에 시작되어 한나라가 멸망한 기원후 220년에 끝난다. 두 번째 시기는 한나라가 멸망한 뒤 송나라가 집권할 때까지로 위진남북조(魏晉南北朝)시대와 수당(隋唐)시대를 포괄한다. 220년에서부터 960년까지 지속된 두 번째 시기 동안 중국 대륙은 수많은 왕조가 번갈아 나타났다가 사라지는 운명을 겪는다. 한마디로 대혼란의 시대였다. 이 책에서는 첫 번째 시기를 '제국의 시대', 두 번째 시기를 '혼돈의 시대'라고 한다.

우선 제국의 시대에 나타난 사회적 분위기와 당대 지식인들의 고민을 살펴보자. 진시황이 중국 최초로 대제국을 건립했을 때는 어느 누구도 강력한 대제국 진이 단명할 것이라고 예상하지 못했지만 진나라는 불과 15년 만에 멸망하고 말았다. 진에 이어 출범한 한나라의 통치자와 지식인들은 진의 전철을 밟지 않고 영속적으로 제국의 위엄을 유지하기 위해 왜 진나라가 단명했는지를 고

진시황의 이름은 정(政)이다. 그는 열세 살이라는 어린 나이로 왕이 되었기 때문에, 당시 진나라의 재상인 여불위(呂不韋, 기원전 ?～235)가 실권을 가지고 있었다. 그러나 스물두 살이 된 정이 여불위를 축출하면서 권력을 장악한다. 그리고 상앙(商鞅, 기원전 390～338)의 제도개혁 정책을 성공적으로 수행함으로써 마침내 전국시대를 통일하게 된다.

중국에서 강남의 남조(南朝)와 화북의 북조(北朝)가 대치하던 5세기 초부터 6세기 말까지의 시기를 가리킨다. 한나라가 멸망하고 위(魏), 촉(蜀), 오(吳)의 삼국시대에 들어서면서 중국은 분열기로 접어드는데, 삼국시대와 남북조시대를 합해서 위진남북조시대라고 부른다.

민했다. 이에 대한 결론은 한나라 초기에 활동했던 육가(陸賈)라는 유학자의 반문 속에 고스란히 담겨 있다. "말 위에서 천하를 얻었지만, 어찌 말 위에서 천하를 다스릴 수 있겠는가?" 무력과 강제력으로 천하를 얻을 수는 있지만, 그것만으로 천하를 안정적으로 통치할 수는 없다는 육가의 주장은 진나라가 법치(法治)에 기초한 전제정치로 천하를 통일할 수는 있었으나 법치만으로는 제국을 안정적이고 영구히 다스릴 수 없었음을 말한다. 사실 법치를 내세워 민중의 삶을 착취한 것이 진나라가 허망하게 몰락한 이유 중 하나다.

그렇다면 제국을 안정적으로 오랫동안 통치하려면 무엇이 필요

위진남북조시대라는 혼란의 시대를 강력한 무력으로 통일한 수(隋)나라는 진시황의 진나라처럼 일찍 막을 내린다. 수나라의 통치는 589년에 시작되어 618년에 막을 내린다. 그러나 수나라의 뒤를 이은 당(唐)나라는 618년에서부터 907년 멸망할 때까지 거의 300년간 중원을 지배했다. 당나라가 지배하던 시기는 특히 중국 문화의 황금기로 평가받는다.

한가? 어떤 원리나 체계를 바탕으로 제국을 통치해야 하는가? 제국의 시대에 살았던 모든 지식인의 문제의식은 바로 이것이었다. 무수히 많은 사상가가 제국을 안정적으로 통치하는 원리를 제안했다. 유학의 정치 이념을 체계화한 동중서(董仲舒)와 황로 사상(黃老思想)에 기반을 둔 무위정치(無爲政治)를 주장한 회남자(淮南子)가 대표적이다. 그러나 한나라는 결코 영원할 수 없었다. 이것은 그들이 제안했던 체계가 성공하지 못했음을 보여준다.

이후 중국 대륙은 다시 전국시대를 방불케 하는 혼돈의 시대로 접어들게 된다. 그런데 이때 중국에 희망의 복음이 울리기 시작한다. 그것은 바로 불교 사상이다. 《후한서(後漢書)》를 보면 기원후 65년경 부처를 모시는 사찰을 숭상해 황제가 제후를 칭찬한 기록이 남아 있다. 불교가 중국에 들어온 것은 그 이전인 것으로 추정한다. 불교는 상대적으로 안정된 제국의 시대에는 민중에게 다가가지 못하다가 혼돈의 시대에 이르러 각광받게 된다. 인생에서 고통은 불가피하지만 스스로의 노력으로 집착을 제거하면 고통을 없앨 수 있다고 약속한 불교의 가르침은 살육과 갈등의 시기를 보내던 중국인에게 가뭄의 단비와 같았다.

중국 중세 철학의 흐름은 크게 두 가지로 압축될 수 있다. 첫 번째는 제국의 통치 원리를 뒷받침하기 위한 회남자에서 왕필(王弼)까지의 형이상학적 흐름이다. 그러나 이런 형이상학적 노력이 좌절되자, 중국의 철학계는 한나라 때부터 전래된 불교 사상에 주목하게 된다. 이로부터 중국 중세 철학의 두 번째 흐름, 즉 불교 사상에 대한 숙고와 이를 통해 불교를 중국화하려는 노력이 시작된다.

황로 사상(黃老思想)은 중국의 전설적인 통치자인 황제(黃帝)와 완전한 통치술을 밝힌 노자(老子)를 숭상하는 사상이다.

여기서 부처는 인도에서 불교를 창시한 고타마 싯다르타(Gautama Siddhārtha, 기원전 563~483)를 가리킨다. 고타마 싯다르타는 석가모니라고도 불린다. '석가'는 싯다르타가 속한 부족의 이름이고, '모니'는 성자를 의미한다. 그는 원래 석가족이 살고 있던 카필라바투라는 작은 도시국가의 왕자였다. 싯다르타가 왕자로서의 안락한 삶을 버리고 수행을 통해서 얻은 가르침이 바로 네 가지 성스러운 진리, 즉 사성제(四聖諦)다. 그의 사상은 《법구경(法句經)》, 《아함경(阿含經)》 등에 드러나 있다.

흥미로운 것은 첫 번째 흐름과 두 번째 흐름이 사유의 경향에서 현저하게 대조적이라는 점이다. 첫 번째 흐름은 '세계에 대한 체계적 이해'라고 부를 만큼 외향적인 관심이 지배적인 반면, 두 번째 흐름은 '자유와 해탈에 대한 열망'이라고 부를 만큼 내향적인 관심이 지배적이다.

만리장성

세계 전체를 이해하는 관점을 만들다

제국의 시대는 당시 철학계에 '하늘 아래[天下]의 모든 세계를 통치하는 제국이 영속할 수 있는 방법은 무엇인가' 하는 화두를 던진다. 이것은 단순히 통치 질서의 문제를 넘어선 풀기 어려운 하나의 심각한 문제였다. 한편 농경 생산을 경제적 기초로 삼았던 제국에는 또 하나의 과제가 있었다. 그것은 제국의 통치 영역을 벗어난 자연의 움직임이었다. 예를 들어 어느 지역에 지진이 나거나 홍수가 일어나면, 그곳의 경제 기반은 와해될 수밖에 없다. 이로 인해 민중의 삶이 피폐해지는 것은 말할 것도 없고, 이런 피폐한 삶 때문에 반란이 일어날 수도 있다. 이 때문에 한나라 때는 천문학, 기상학, 지질학 등 자연과학이 비약적으로 발전했다.

따라서 '어떻게 하면 제국이 영원히 유지될 수 있는가?'라는 화두에 대답하기 위해서는 인간 세계를 넘어서 자연으로 관심을 확장할 수밖에 없었다. 이 화두에 첫 번째로 답한 인물이 바로 회남

치수 사업을 성공적으로 이끈
우임금

자와 동중서다. 이 두 사람은 제국을 안정적으로 통치하는 방법으로 법치 이념이 적절하지 않다는 데 동의하고, 인간 세계와 자연계가 유기적 관계를 맺고 있다는 유기체적 세계관을 통해 제국을 안정적으로 유지하는 방법을 제시한다.

회남자는 황제가 다스리는 제국과 이를 둘러싼 자연을 일종의 거대한 유기체라고 설명한다. 이에 따르면 자연의 변동은 제국의 질서를 와해할 수 있고, 제국의 변동 역시 자연에 큰 영향을 미칠 수 있다. 그러므로 제국의 통치자인 황제는 항상 겸손하게 자연의 변화와 제국 내의 민심을 읽으려고 노력해야 한다. 회남자는 이런 유기체적 세계관을 통해 황제의 자의적인 통치 행위를 제약하려 했다. 한편 동중서는 하늘을 인격적 절대자로 상정하면서, 이를 통해 황제의 자의적인 전제정치를 억제하려 한다. 이 세계의 만물을 낳은 하늘이 욕망하는 것은 곧 유학에서 말하는 인의예지(仁義禮智)의 규범이기 때문에, 하늘의 자식[天子]인 황제 역시 하늘의 이런 뜻을 받들어야 한다는 것이다.

이처럼 부분적인 차이는 있지만 회남자와 동중서가 제안했던 체계의 이면에는 유사한 유기체적 자연관이 도사리고 있다. 물론 이것은 전국시대에서 한나라에 이르기까지 발달되어온 자연과학적 성과를 수용해서 얻은 결론이다. 당시의 유기체적 자연관이 어떤 수준으로 발전했는지를 가장 잘 보여주는 것은 의학이다. 《황제내경(皇帝內經)》을 보면 당시의 의학자들이 '유기체적 신체관'과 아울러 '유기체적 심신관'을 가지고 있었음을 엿볼 수 있다. 특히 유기체적 심신관에 따르면 마음의 고통과 번민이 신체의 질병을 야기할 수 있다고 한다. 중국 철학에서 마음을 갈고닦아 삶을 완전하게 하는 수행론이 강조된 것은 이 때문이다. 외래 사상인 불교가 중국에 쉽게 정착할 수 있었던 것도 불교에서 강조하는 수행론이 당시 중국인의 심신관에 부합했기 때문이다.

그러나 회남자와 동중서의 체계를 관통하는 유기체적 자연관은 위대한 철학자 왕충(王充)에 의해 비판의 도마에 오르게 된다. 왕충은 세계가 유기체적 합목적성에 의해 지배되는 것이 아니라, 오히려 우발성에 의해 지배된다고 보았다. 목적론적 세계관에 따르면 세계의 모든 것에는 숨겨진 목적이나 필연성이 존재한다. 그러나 회남자와 동중서의 정합적인 체계는 목적론적 논의를 배제한 채 성립할 수 없었기에 왕충의 공격을 받은 것이다.

26세에 요절한 천재 왕필도 세계를 이해하는 전체적인 틀을 만들어냈지만 근본적으로 목적론을 넘어서지는 못했다. 왕필은 전체 세계를 일종의 거대한 나무로 이해한다. 그리고 이 세계 안의 모든 존재와 사건은 가지에 불과한 것이기에, 진정으로 우리가 이 세계를 장악하려면 뿌리에 해당하는 세계의 본질을 이해해야 한다고 주장한다. 이는 경험적 현상 너머에 영원하고 절대적인 본질 또는 근거가 놓여 있다고 보는 중국적 형이상학의 전형이라 할 수 있다. 이처럼 제국의 초기에서 왕필에 이르도록 중국인들은 세계를 총체적으로 규명해주는 일관된 체계를 마련하려고 고심했다. 인간 세계와 자연을 포괄하는 전체 세계를 총체적으로 규명하는 일관된 체계를 마련하는 것은 제국의 시대 사상가들의 공통적인 과제였다.

명상 중인 수행자상

자유와 해탈을 열망하다

중국 대륙을 교대로 지배했던 왕조들에만 주목하면 중국은 고립된 채 자족적인 삶을 영위했던 국가처럼 보인다. 그러나 사실 중국은 열린 세계였다. 기원전 2세기 한나라의 장건(張騫)이 나라의 명령으로 서역을 여행했을 때부터 10세기 말 몽고족이 중앙아시아를 지배하게 될 때까지 중국은 서역과 인도, 나아가 유럽과 관계하고 있었다. 이 점에서 실크로드는 열린 제국으로서의 중국에 대한 상징일 수 있다. 실크로드는 인도의 보석과 유리가 중국으로 유입되고 반대로 중국의 비단이 인도나 유럽으로 유입되는 교통로지만, 철학사적으로 보면 이곳은 인도로부터 불교 사상이 전달되었으며 동시에 불교 사상을 수입하기 위해서 중국의 승려들이 통행하던 곳이기도 했다. 실크로드는 1,000여 년 만에 단절되었지만, 그 사이에 지속적으로 유입된 불교 사상은 중국의 자생적인 철학 전통에 깊은 흔적을 남겼다.

불교는 고통을 치료하는 종교이자 철학이다. 이 점에서 위진남북조시대와 수당시대는 불교가 유행할 수 있는 최적의 조건을 갖췄다고 할 수 있다. 정치적 갈등과 사회적 불안으로 점철된 혼돈의 시대에 불교 사상은 중국 통치 계층뿐 아니라 일반 민중에게 열렬한 환영을 받았다. 그러나 중국어와 전혀 다른 산스크리트로 씌어진 불교 사상이 중국인들에게 제대로 이해되는 데는 상당히 오랜 시간이 걸릴 수밖에 없었다. 그래서 중국에서 불교는 오랫동안 산스크리트로 기록된 불교의 이론을 이해하기 위해 현학(玄學)의 개

사실 실크로드를 왕래했던 사람들은 크게 두 부류로 나눌 수 있다. 하나는 상품을 운반해서 이익을 남기려는 상인이고, 다른 하나는 이들의 보호를 받으며 동행한 승려다. 실크로드에서 상인은 승려를 보호했고, 반대로 승려는 상인과 그의 후손에게 복이 내리기를 기원했다.

문자로 의미를 전달하는 표의문자인 중국어가 중국-티베트어군에 속하는 반면, 자음과 모음으로 구성된 표음문자 체계의 산스크리트는 인도-유럽어군에 속하기 때문에 이런 어려움은 더욱 가중되었다.

념을 이용하는 <u>격의불교</u>(格義佛敎) 시대를 겪게 된다.

  그러나 격의불교는 불교 사상의 정수를 중국에 소개하기에는 치명적인 약점을 가지고 있었다. 이에 따라 <u>인도의 불교 이론</u>을 제대로 이해하려는 두 종파가 등장한다. 하나는 삼론종(三論宗)이고 다른 하나는 법상종(法相宗)이다. 길장(吉藏)은 중관불교(中觀佛敎)가 표방하는 '공(空)'을 논증하고 있는 세 가지 논서 삼론(三論)을 종합적으로 이해함으로써 삼론종이란 종파를 완성했다. 한편 소설 《서유기(西遊記)》의 주인공 삼장법사(三藏法師)의 실제 모델인 현장(玄奘)은 유식불교(唯識佛敎)를 이해하는 데 평생을 바쳤다. 그는 629년 몸소 인도로 가서 나란다 불교대학에서 16년

현학(玄學)은 위진(魏晉)시대의 철학적 사조를 말한다. 현학이라는 말은 당시 《노자(老子)》, 《장자(莊子)》, 《주역(周易)》이 삼현(三玄) 즉 심오한 세 가지 텍스트로 존중받았던 것에서 유래한 말이다. 현학은 무(無)와 유(有), 일(一)과 다(多)라는 핵심 개념으로 이 세 권의 책을 체계적으로 독해하려 했다.

불교의 전파 경로

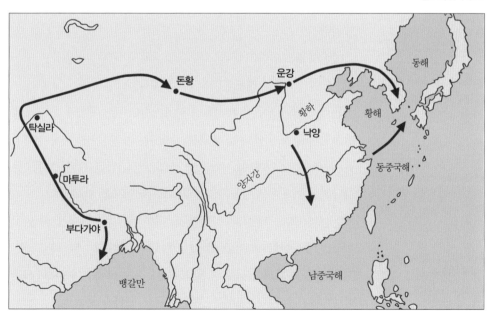

간 산스크리트와 유식불교를 배웠다. 645년, 657권에 달하는 불교 서적, 주로 유식불교의 이론서를 가지고 중국으로 돌아온 현장은 그 이론서들을 번역해 법상종이라는 중국 유식불교의 사유 전통을 만들게 된다.

그러나 삼론종과 법상종은 인도의 불교 경전을 번역하는 데 그쳐 여전히 수입된 불교에 지나지 않았다. 두 종파가 아무리 정확히 인도의 대승불교(大乘佛敎)를 소개한다고 할지라도, 혼돈의 시대에 살고 있던 중국인에게 그들이 소개한 중관불교와 유식불교는 이론적이고 사변적인 것으로 보일 뿐이다. 이때 중국화된 불교 혹은 중국에 완전히 뿌리를 내린 불교가 출현한다. 바로 천태종(天台宗), 화엄종(華嚴宗), 선불교(禪佛敎)다. 천태종과 화엄종은 이론적 불교, 즉 교종(敎宗)으로 분류되고, 선불교는 선종(禪宗)이라고 불린다.

이론적 불교인 천태종과 화엄종은 제국의 시대에 실패했던 체계의 구성을 다시금 시도한다. 다시 말해 혼돈의 시대를 극복할 수 있는 일종의 세계관을 제시하려 한 셈이다. 이는 제국의 시대의 형이상학처럼 통치 원리를 공고히 하는 데 기여했기 때문에 천태종은 수(隋)나라 양제(煬帝)에게서 적극적인 지원을 받고, 화엄종은 당나라의 여황제 측천무후(則天武后)에게 비호를 받게 된다.

반면 선종은 '체계'의 구성이 또 다른 '집착'이라며 교종을 비판하면서 출현한 불교 종파다. 이 종파는 세계관을 제시하는 사변적 작업을 하기보다 불교 본연의 가르침을 회복하고자 한다. 선종이 인간의 고통을 통찰하고, 고통을 낳는 집착을 제거하려는 실천적 수행을 강조한 것도 이 때문이다. 결국 선종의 이런 결단은 삼론종, 법상종, 천태종, 화엄종 등이 정치적 수단으로 전락하면서 사상적 영향력을 잃어갈 때, 불교의 치열한 자기 수행을 실천함으로써 불교가 종교로서 번성하는 계기를 마련했다.

즉 '세계에 대한 체계적 이해'라고 부를 수 있는 형이상학적 노력이 아무런 힘을 쓰지 못했기 때문에, '개인적인 자유와 해탈'을 열망하는 불교가 성공적으로 중국에 정착하게 된 것이다. 인간의 철학적 관심사는 항상 자신을 둘러싸고 있는 세계에 대한 외향적 관심과 자신 내면의 깊은 곳을 응시하는 내향적 관심 사이에서 진

중국에 처음으로 알려진 부처의 모습. 간다라풍의 머리 모양에 콧수염을 기르고 옷을 입고 있다

푸른 눈의 중앙아시아
승려와 동아시아 승려.
9~10세기 중국

동하기 마련이다. 중세 중국 철학 이야기가 흥미로운 이
유도 바로 여기에 있다. 이 시기 동안 우리는 일견 극단
적인 것처럼 보이는 두 경향과, 두 경향 사이의 미묘한
관계를 모두 살펴볼 수 있다. 그리고 한 가지 주목할 것
은 성리학으로 대변되는 근대 중국 철학은 이 두 경향을
모두 포용하려는 방향으로 전개된다는 점이다. 세계에
대한 체계적 이해는 개인적 자유와 해탈을 위한 형이상
학적 전제가 되며, 반대로 개인적 자유와 해탈은 세계에
대한 체계적 이해의 최종적인 목적이 된다.

마지막으로 잠시 양해를 구해야 할 것이 하나 있다. 이 책의 후
반부를 장식하는 불교 철학사는 역사적인 순서가 아니라 사상사
적 논리에 의해 구성했다. 단순히 시기상의 순서에 따라 장을 구성
하면 중국 불교의 발전 맥락을 놓칠 우려가 있기 때문이다. 예컨대
이 책에서는 당나라 사람인 현장(제7장)이 남북조시대의 지의(智
顗)(제8장)보다 앞서 소개된다. 이는 인도 불교의 경전을 번역한
현장보다 최초로 중국화된 불교를 구성한 지의가 보다 발전된 사
상을 펼쳤기 때문이다. 즉 인도 불교의 철학사적 발전 논리를 참
고하되, 중국 불교 발전의 내적인 논리에 초점을 맞춰 재구성한 것
이다.

회남자―
무위정치와 유기체적 세계관

1. 군주에 대항하다

　유명한 정치가이자 사상가 회남자의 삶은 매우 비극적이었다. 한나라를 일으킨 고조 유방의 손자뻘이었던 그는 당시의 관례에 따라 회수 남쪽 지역을 통치하는 제후인 회남왕(淮南王)에 봉해졌고, 얼마 지나지 않아 지방 제후 가운데 실질적인 지도자로 성장했다. 그런데 이것이 그를 비극적인 죽음으로 몰고 갔다. 회남자는 한나라 무제(武帝)의 강력한 중앙집권정책에 맞서 반란을 도모했으나, 반란이 실패로 돌아가자 스스로 목숨을 끊을 수밖에 없었다. 그러나 그의 철학적 사유는 지금 《회남자(淮南子)》에 기록되어 전해지고 있다.

　사실 《회남자》는 그가 직접 지은 것이라기보다 그의 감수를 받아 탄생한 책이라고 보는 것이 적절하다. 그러나 아쉽게도 이 책에

회남자(기원전 179~122)의 본명은 유안(劉安)으로 한나라의 정치가이자 사상가다. 한고조 유방(劉邦)의 손자뻘인 그는 아버지의 뒤를 이어서 회남왕에 봉해졌다. 그러나 반란을 기도하다가 실패해 자살한 비운의 인물이다.

한 무제(武帝, 기원전 114~87)는 한나라의 제6대 통치자인 경제(景帝)의 11번째 아들이라고 전한다. 맏아들이 아니기 때문에 정상적으로 제위에 오를 수 없었으나, 황족들은 일곱 살인 그를 황태자로 책봉해 후계자의 지위를 확보해주었다. 회남자에게는 조카뻘이 된다.

한 무제

기재된 다양한 글들을 누가 지었는지 지금으로서는 알 수 없다. 다양한 저자들의 공동 작업이라서 그런지 이 책에는 이전 시대 유가(儒家), 묵가(墨家), 도가(道家) 등 다양한 학파의 사상이 함께 기재되어 있다. 그런데 이 가운데 회남자 본인이 가장 숭배한 사상이 바로 도가 사상이다. 이것은 회남자 자신이 《노자(老子)》에 등장하는 무위정치라는 개념을 한 무제에 대항하는 정치적 명분으로 삼았다는 사실과 관련이 있다.

이런 맥락에서 《회남자》는 군주의 자의적인 권력 행사를 막으려는 철학적 논리를 선전하기 위해 만들어진 것이라고 평가할 수 있

다. 그런데 회남자는 무위정치의 이념을 정당화하기 위해서 일종의 유기체적인 세계관을 도입하게 된다. 이런 유기체적 세계관을 정당화하기 위해서는 당시 발달했던 자연과학적 성과를 십분 이용할 필요가 있었다.

2. 회남자의 무위정치

영원할 것 같았던 대제국 진나라가 몰락한 원인을 탐구하는 과정에서 한나라의 지식인들은 다양한 사상을 전개해나갔다. 이 가운데 특히 중요한 것은 '공(公)'과 '사(私)'에 관련된 논의다. 전국시대의 사유 전통을 계승한 여러 학파는 모두 진나라의 멸망 원인을 진나라가 권력을 공적인 것으로 생각하지 않고 사사로운 것으로 여겼기 때문이라고 판단했다. 한나라 초기의 학계는 진나라의 강력한 전제정치와는 다른 공정한 정치 논리를 만들어내려는 다양한 모색으로 활기를 띠었다. 한나라 무제 이전까지는 도가를 숭배하던 황로 사상이 공정한 정치 논리로 새롭게 부상했는데, 그 대표적인 주자가 바로 회남자다.

회남자의 사유를 이해하려고 할 때 가장 중요한 점은, 그가 강력한 중앙집권을 도모하던 당시 한나라 집권층에 맞섰다는 사실이다. 이것은 회남자가 중앙집권과는 다른 정치, 즉 일종의 지방분권제를 도모했다는 점을 말해준다. 이때 회남자는 자신의 정치 철학을 정당화하는 철학적 논리를《노자》에서 빌려 온다. 특히 그가 강

노자

조한 것은 '무위이무불위(無爲而無不爲)'라는 구절로 유명한 《노자》의 정치 이념이다. 《노자》의 이 구절은, 군주가 '사사롭게 정치적 행위를 하지 않으면 이루지 못하는 것이 없다'라는 의미를 담고 있다. 즉 당시의 회남자가 중앙집권을 도모하려는 무제의 정치적 의도를 사사로운 정치적 행위라고 이해하고 비판하려 했다는 것을 엿볼 수 있다.

회남자가 제안하는 정치, 즉 무위정치란 사사로운 정치가 아닌 공적인 정치 행위다. 그런데 그는 구체적으로 어떤 정치를 공적인 것 혹은 공정한 것이라고 이해한 것일까? 사회성원 대다수의 뜻을 반영하는 정치가 공적인 정치일까? 이 점을 확인하기 위해서는 회남자가 무위라는 개념을 어떻게 이해하고 있는지 살펴볼 필요가 있다.

《사기(史記)》〈오제본기(五帝本紀)〉를 보면 곤(鯤), 우(禹), 후직(后稷)에 대한 기록이 보인다. 곤과 우는 요순시대에 홍수를 방지하기 위한 치수 사업을 한 인물로 유명하다. 그러나 곤은 치수 사업에 실패하여 죽임을 당했고, 그의 아들인 우가 13년 만에 치수 사업에 성공했다고 한다. 후직은 순임금 당시 농업을 담당해 성공적으로 수행한 인물이라고 한다.

대체로 땅의 형세에 의해 물이 동쪽으로 흐르지만, 반드시 사람이 일을 한 뒤에야 고인 물을 골짜기로 가게 할 수 있다. 곡식은 봄에 생겨나지만, 반드시 사람이 가공해야 오곡이 마침내 자랄 수 있다. 그것이 저절로 흐르기를 기다리고, 그것이 저절로 생겨나기를 기다리면, 곤(鯤)과 우(禹)라는 인물들의 공로는 세워지지 않았을 것이고, 후직(后稷)의 지혜도 쓰이지 못했을 것이다. 내가 말하는 무위란 사사로운 의지로써 객관적인 법칙에 끼어들려 하지 않고, 욕망이 올바르게 충족되는 것을 방해하지 않으며, 이치에 입각해서 일을 처리하고, 자질에 따라 공을 세우며, 자연의 추세를 밀고 나가서 조금의 사사로움도 용납하지 않는 것이다. 그러므로 일이 이루어지지만 자신은 이것을 자랑하지 않고, 공이 세워지지만 그 명성을 소유하지 않는다. (이처럼 무위란) 느끼지만 수동적으로 반응하지 않고 압박을 받지만 능동적으로 움직이지 않는다는 것을 말하는 것이 아니다.

《회남자》, 〈수무훈(修務訓)〉

회남자는 무위가 어떤 일도 하지 않는 수동적인 것이 아니라는 점을 분명히 밝히고 있다. 그에게 무위는 자연의 필연적인 법칙에 적절하게 개입하는 인간의 실천을 의미한다. 그가 제시한 예처럼

땅의 형세로 인해 물이 동쪽으로 흘러가는 것이 필연적인 법칙이라면, 이런 법칙에 입각해서 물길을 동쪽으로 트려는 노력이 바로 무위다.

제방을 쌓아
물길을 만드는 모습

반면 땅의 형세가 동쪽으로 흐르고 있음에도 물길을 서쪽으로 트려는 노력은 사사로운 행동, 즉 유위(有爲)에 해당한다.

회남자는 인간의 삶이 기본적으로 자연과 밀접한 관련을 가진다는 사실을 들어 무위정치론을 펴고 있다. 당시에는 경제 활동이 주로 농업에 의존하고 있었으므로, 최고 통치자는 자연과 인간 세계를 적절히 연결할 수 있는 역량을 가진 사람으로 생각되었다. 바로 이런 역할을 수행하기 위해 군주는 우선적으로 자연의 전체적인 법칙을 인식해야 했다. 이 점에서 우리는 회남자의 사상을 담고 있는 《회남자》에 우주와 자연에 대한 자연과학적 설명이 빈번하게 출현하는 이유를 어렵지 않게 이해할 수 있다. 군주는 인간 세계에서는 최고 통치자지만, 인간 세계를 둘러싸고 있는 전체 자연의 법칙에는 복종할 수밖에 없다. 따라서 자연의 법칙에 기반을 둔 회남자의 무위정치론은 한 무제로 대표되는 강력한 황제 권력을 제약하려는 그의 정치적 동기에 영향을 받은 것이라고 말할 수 있다.

3. 유기체적 세계관을 바탕으로 군주의 통치권을 제약하다

　회남자의 자연관에서 흥미로운 것은 그가 인간 세계를 포함한 전체 세계를 하나의 유기체로 사유하고 있다는 점이다. 무생물과 달리 유기체는 조화와 균형을 기본 원리로 한다. 예를 들어 운동을 하면 몸의 체온은 상승하게 된다. 이때 몸은 땀을 내서 스스로 열기를 발산한다. 이와 마찬가지로 전체 세계를 하나의 거대한 유기체로 보았던 회남자가 보기에 이상 징후가 나타난 것은 전체 세계를 지탱하는 조화와 균형의 원리가 훼손되었기 때문이다. 따라서 그는 천문(天文)에 큰 관심을 가질 수밖에 없었다.

　여기서 중요한 것은 회남자가 유기체적 세계관에 입각해서 군주권을 제약하려 했다는 점이다. 그는 세계의 부분으로서의 인간 사회, 특히 사회를 통솔하는 군주의 행동이 전체 세계에 영향을 준다는 주장을 통해 군주는 반드시 올바른 정치를 수행해야 한다는 점을 강조하고 싶었던 것이다. 이제 그의 이야기를 직접 들어보자.

> 　군주의 잘못된 정치는 위로 하늘에 통한다. 그러므로 군주가 잔혹하게 정치를 하면 사나운 바람이 많아지고, 군주가 법령을 잘못 시행하면 해충이 많이 생기며, 군주가 죄 없는 사람을 죽이면 국가에 커다란 가뭄이 들고, 군주가 때에 맞게 시령(時令)을 실시하지 않으면 심한 비가 많이 내린다. 사계절(四時)은 하늘의 관리이고, 해와 달은 하늘의 사신이며, 별들은 하늘의 모임이고, 무지개와 혜성은 하늘의 징

천체와 기상의 현상을 가리키는 천문(天文)은 글자 그대로 '하늘의 문자' 혹은 '하늘의 메시지'를 의미한다.

시령(時令)은 각 계절마다 군주가 농사와 관련되어 내리는 명령을 말한다. 지금은 농부가 적절한 때에 자신의 결정으로 농사를 시작하지만, 당시에는 군주의 명령이 있어야만 농사를 시작할 수 있었다. 만약 자의적으로 농사를 시작하면 반역에 해당하는 중죄에 처해졌다.

조다.

《회남자》, 〈천문훈(天文訓)〉

이 글은 고대 중국인의 종교관을 피력한 것으로 볼 수 있다. 그
들이 하늘에 초월적인 신이 있어서 인간의 삶을 감시하고 지배한
다고 믿었던 것으로 볼 수 있다는 말이다. 그러나 사실 이 글은 유
기체적 세계관을 종교적인 외관으로 포장하고 있을 뿐이다. 여기
서 가장 중요한 대목은 하늘의 변화가 인간의 행동에 의해 촉발된
다는 것이다. 이것은 결국 하늘의 변화를 촉발한 원인은 인간 자신
에게 있다는 점을 강조한 말이다. 유기체에서는 어떤 부분의 변화

가 전체의 변화를 야기하고, 나아가 이 전체의 변화가 유기체의 다른 모든 부분을 변화시킨다. 회남자의 이야기가 옳다면, 전체 세계 속의 작은 부분에 불과한 인간이 전체 세계의 균형을 깨뜨릴 때, 그것은 전체 세계의 불균형을 초래할 것이고 결국 그 징후가 하늘의 변화를 통해 인간에게 나타날 것이다.

이처럼 회남자가 주장하는 유기체적 세계관에 따르면 인간 세계의 행동은 자연의 움직임에 직접적인 영향을 미치게 된다. 그렇다면 반대로 자연의 변화는 인간 세계에 어떤 영향을 미칠까?

화성은……무도한 제후국을 다스리기 위해 혼란을 만들고 상해를 일으키며 질병을 만들고 죽음을 이루며 기아를 만들고 전쟁을 만드는데, 출입하는 것이 항상 일정하지 않고 그 빛을 변화시켜 어떤 때는 나타나고 어떤 때는 숨는다. 토성이……마땅히 있어야 할 곳에 있지 않으면 (토성에 상응하는) 제후국은 땅을 잃게 될 것이다. 또한 토성이 아직 있어서는 안 될 곳에 있으면 그 제후국은 땅을 늘리게 될 것이고, 이 해에는 풍년이 들 것이다……금성이 나타나야 하는데 나타나지 않거나, 아직 사라져서는 안 되는데 사라진다면, 천하의 모든 곳에서 전쟁이 종식될 것이다. 그러나 금성이 사라져야 하는데 사라지지 않거나, 아직 나타나지 않아야 하는데 나타난다면, 천하의 모든 곳에서 전쟁이 발생하게 될 것이다. 수성은 사계절을 바로잡는다……수성이 사계절 중 어

느 한 계절에 나타나지 않는다면 이 계절에는 조화가 깨지게 될 것이다. 만약 수성이 사계절 동안 한 번도 나타나지 않는다면 천하의 모든 곳에 큰 기근이 들 것이다.

《회남자》, 〈천문훈〉

유기체적인 세계관에 입각한다면, 이 경우에도 인간 세계를 포함한 전체 세계는 행성의 변화로 막대한 영향을 받게 될 것이다. 다시 말해 어느 날 하늘의 행성들이 정상적으로 움직이지 않게 된다면, 그것은 인간 세계에 어떤 변동이 있음을 예고하는 것이다. 따라서 인간은 자신의 행동이 전체 세계와 조화롭게 영위되는지를 항상 반성해야 할 뿐 아니라 인간 세계 밖 자연의 변화에도 지속적으로 관심을 기울여야 한다. 아무리 전체 세계와 조화로운 삶을 유지한다고 하더라도, 하늘의 행성들이 조화를 어긴다면 인간 세계는 막대한 피해를 감수할 수밖에 없기 때문이다. 그러나 천문에 대한 회남자의 강조는 사실 하늘에 대한 단순한 자연과학적 관심을 넘어선다. 회남자는 군주가 완전한 존재가 아니라는 사실 그리고 군주의 정치적 행동이 전체 세계에 영향을 미칠 것이라는 사실을 강조함으로써, 군주의 행동을 효과적으로 통제할 수 있는 논리를 마련하려고 했다.

4. 시간의 질서를 거스르는 통치 행위에는 재앙이 따른다

여기서 주목해야 할 것은 회남자의 유기체적 세계관이 공시적인 측면에서뿐만 아니라 통시적인 측면에서도 전개되었다는 점이다. 회남자는 1년을 구성하는 12개월을 <u>오행론</u>(五行論)에 입각해서 설명한다. 이것은 그가 12개월 각각을 상이한 국면으로 전개되는 열두 가지의 유기체적 세계로 이해했다는 것을 보여준다. 그의 생각이 옳다면 군주의 정치적 행동은 12개월마다 다르게 전개되는 자연 질서에 순응하는 방식으로 진행되어야 한다.

〈시칙훈(時則訓)〉편을 살펴보면 회남자가 사계절 12개월을 설명

여기서 오행론(五行論)이란 속성이 서로 다른 다섯 가지 요소로서 자연 현상뿐 아니라 사회 현상까지 설명했던 이론 체계를 말한다. 오행론은 천문학, 지리학, 풍토학, 의학과 같은 자연과학적 분야뿐만 아니라 역사발전론이나 정부조직론과 같은 역사학이나 사회학에 대한 철학적 기초로 사용되었다.

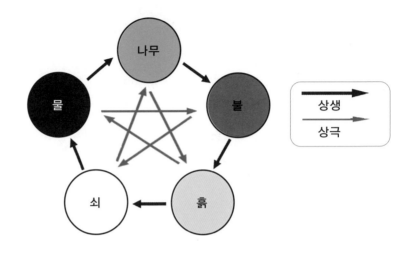

할 때 오행론을 도입하여 논의를 전개하고 있음을 엿볼 수 있다. 오행론의 다섯 가지 요소란 바로 나무〔木〕, 불〔火〕, 흙〔土〕, 쇠〔金〕, 물〔水〕이다. 그는 12개월을 봄, 여름, 가을, 겨울의 사계절에 할당하고, 이 사계절 각각이 나무, 불, 쇠, 물의 성질을 가진다고 설명한다. 그리고 흙은 이 네 요소의 기본 바탕이 된다고 보았다. 음력 1월에서 음력 12월까지 12개월을 사계절로 나누면, 각 계절에는 3개월이 할당된다. 그래서 봄에는 맹춘(孟春), 중춘(仲春), 계춘(季春)이라는 세 달이 있고, 여름에는 맹하(孟夏), 중하(仲夏), 계하(季夏)라는 세 달이 있으며, 가을에는 맹추(孟秋), 중추(仲秋), 계추(季秋)라는 세 달이 있고, 마지막으로 겨울에는 맹동(孟冬), 중동(仲冬), 계동(季冬)이라는 세 달이 있다. 다음은 〈시칙훈〉편을 통해 12개월간의 시간의 특성과 그에 따른 군주의 통치 행위를 회남자가 정리해놓은 것이다.

시간의 특성에 따른 군주의 통치 행위

12개월	군주의 통치 행위
맹춘(음력 1월)	백성들을 공역에 동원하지 않는다
중춘(음력 2월)	도량형을 통일해 제도를 정비한다
계춘(음력 3월)	창고를 열어 빈민을 구제한다
맹하(음력 4월)	능력 있는 사람들을 관료로 선발한다
중하(음력 5월)	관문과 시장에서 세금을 걷지 않는다
계하(음력 6월)	군대를 일으켜 전쟁을 행하지 않는다
맹추(음력 7월)	군대를 조련하여 전쟁에 대비한다
중추(음력 8월)	도량형을 통일해 제도를 정비한다
계추(음력 9월)	다섯 종류의 무기를 다루는 방법을 숙달시킨다
맹동(음력 10월)	사형을 언도받은 죄인들을 남김없이 처형한다
중동(음력 11월)	국가의 대소 경조사에 쓰일 술을 제조한다
계동(음력 12월)	통치의 원칙을 국가의 법전을 통해 정비한다

시간의 질서에 대한 회남자의 설명을 살펴보면, 고대 중국인들이 시간을 단순히 양적인 변화로 이해하는 것이 아니라 질적으로 차이나는 것으로 이해하고 있었다는 것을 엿볼 수 있다. 이 가운데 우리의 관심을 끄는 부분은 군주가 각각의 시기에 걸맞은 통치 행위를 하지 않았을 때 생길 수 있는 문제점이다. 이것은 사실 전제적인 군주의 정치 행위에 대한 회남자의 경고다.

봄에 여름의 정령을 시행하면 (봄의 기운이) 새어 나가고, 가 정령(政令)이란 글자 그대로 황제가 내리는 정치적 명령을 말한다. 당시에는 정치를 의미하는 정(政)이 바르다는 뜻의 정(正)과 같은 의미였다. 따라서 정령이란 황제가 백성들을 '바르게 하려고 내리는 명령'이라 할 수 있다.

을의 정령(政令)을 시행하면 수재가 많이 발생하고, 겨울의 정령을 시행하면 매서운 날씨가 이어진다. 여름에 봄의 정령을 시행하면 풍해가 많이 발생하고, 가을의 정령을 시행하면 토지가 황폐해지고, 겨울의 정령을 시행하면 초목이 시든다. 가을에 여름의 정령을 시행하면 꽃이 피고, 봄의 정령을 시행하면 초목이 번성하며, 겨울의 정령을 시행하면 모든 것이 시든다. 겨울에 봄의 정령을 시행하면 (겨울의 기운이) 새어 나가고, 여름의 정령을 시행하면 가물고, 가을의 정령을 시행하면 안개가 자주 낀다.

《회남자》, 〈시칙훈〉

회남자는 군주가 봄, 여름, 가을, 겨울에 맞지 않는 정치 행위를 일삼을 때 생기는 불균형과 부조화를 설명하고 있다. 이러한 사계절에 대한 회남자의 사유는 시간에 대한 당시의 자연과학적 이해에 머무르지 않고 이를 통해 전제 권력을 견제하기 위한 것이다. 그리고 이를 통해서 자연계나 인간계에 불균형과 부조화의 현상이 발생한다면, 이제는 그것을 통치자의 정치행위 탓으로 돌릴 수 있는 논리적 근거가 마련된 셈이다. 이런 세계관을 통해서 회남자는 군주의 사사로운 정치행위, 즉 유위정치를 제약하려고 했으며, 나아가 자신이 꿈꾸던 정치 이념, 즉 무위정치를 피력할 수 있었다.

5. 중국적 세계관의 모태를 마련하다

사실상 무제가 중앙 집권제를 실시하게 된 것은 외척과 지방 세력의 성장 때문이다. 그는 재위 기간 동안 정복 전쟁을 계속하는 한편 행정 제도를 재편하고 유교를 국교화해 강력한 왕권을 구축한다. 말년에는 어린 황태자가 외척들에게 지배당하지 않게 하기 위해 황태자의 어머니이자 자신의 아내인 조씨에게 죄를 뒤집어 씌워 옥에 가두어 죽게 했다고도 한다.

회남자는 법치로 상징되는 진시황의 유위정치에서 진나라가 단명하게 된 원인을 발견하고, 무위정치를 추구하며 중앙집권제를 비판한다. 그의 무위정치 이념은 군주의 권력을 제약하는 정당화의 논리다. 그러나 이것은 동시에 지방 세력이나 외척 세력의 기득권을 정당화하는 논리에 불과한 것이기도 하다. 후대의 모든 지식인들이 군주의 절대 권력을 통제하기 위해서 한결같이 무위정치의 이념을 표방했던 것도 회남자에게서 유래한 것이다.

회남자는 무위정치 이념을 정당화하기 위해, 즉 군주의 자의적인 통치 행위를 제약하기 위해 일종의 유기체적 세계관을 도입한다. 이 세계관에 따르면 인간의 행위는 자연에 영향을 미치고, 자연의 변화는 거꾸로 인간의 삶에 막대한 영향을 미치게 된다. 군주는 절대적인 존재가 아니라 인간 세계를 대표하는 부분적 존재일 뿐이며, 자연의 변화에 따라 정당하게 통치 행위를 수행함으로써 전체 세계의 조화를 도모해야 한다.

그런데 회남자의 세계관에서 한 가지 더 짚고 넘어갈 것은, 그가 이 세상을 유기체적 전체로 이해하면서도 하늘을 어떤 의지나 목적을 갖지 않는 존재로 간주했다는 점이다. 그에게 하늘은 단지 자연을 상징하는 객관적인 대표적 자연물이었던 셈이다. 이를 반박하며 하늘은 분명한 의지를 지니고 있다고 주장한 동중서의 유위정

한나라 유적지

한나라 청동 주화

치론에 대해서는 다음 장에서 살펴볼 것이다.

한편 회남자의 유기체적 세계관은 당시 발전된 자연과학의 성과들을 비판 종합했다는 데 의의가 있다. 이러한 회남자의 세계관은 이후 중국적 세계관의 모태로 작동한다. 그중 가장 중요한 것은 회남자가 오행론을 토대로 세계, 나아가 인간을 통일적으로 설명했다는 점이다. 서양 문명이 도입하기 전 중국은 한 번도 오행론적 세계관을 근본적으로 문제 삼지 않았다. 우리 사회에서 서양의학과 마찬가지로 엄연한 의학으로 자리 잡고 있는 한의학 역시 바로 회남자가 체계화한 오행론을 토대로 하고 있다는 점은 그의 세계관이 얼마나 강력한 영향력을 가지는지를 잘 보여준다. 이 점에서 회남자의 사상은 철학사적으로뿐만 아니라 과학사적으로도 중요한 의의를 갖는다.

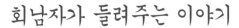

회남자가 들려주는 이야기

　　양기가 이기면 확산되어 비나 이슬이 내리고, 음기가 이기면 응결되어 서리나 눈이 내린다. 털과 날개가 있는 것들은 날아다니는 부류인데 이것은 양에 속하고, 껍질과 비늘이 있는 것들은 동면하는 부류인데 이것은 음에 속한다. 해는 양의 주인이다. 그러므로 봄이나 여름에는 모든 짐승의 묵은 털이 빠지고 하지에는 고라니와 사슴의 뿔이 빠진다. 달은 음의 주인이다. 그러므로 달이 기울면 물고기의 뇌가 줄어들고 달이 사라지면 조개의 살이 마르게 된다. 불은 위로 타 올라가고 물은 아래로 흐른다. 새는 날아 높이 올라가고 물고기는 움직여 내려간다. 사물들은 부류끼리 서로 움직이고 근본과 말단은 서로 상응한다.

《회남자》, 〈천문훈〉

　　陽氣勝, 則散而爲雨露. 陰氣勝, 則凝而爲霜雪. 毛羽者飛行之類也, 故屬於陽. 介鱗者蟄伏之類也, 故屬於陰. 日者陽之主也, 是故春夏則羣獸除, 日至而麋鹿解. 月者陰之宗也, 是以月虛而魚腦減, 月死而腦減. 火上蕁, 水下流, 故鳥飛而高, 魚動而下. 物類相動, 本標相應.

한자 풀이

散(산) : 흩어지다

凝(응) : 응결하다

介(개) : 단단한 껍질

蟄(칩) : 숨다

除(제) : 털이 빠지다

解(해) : 뿔이 빠지다

膲(초) : 살이 빠지다

標(표) : 가지, 말단

깊이 읽기

회남자에 따르면 양이라는 범주는 기본적으로 '따뜻함', '팽창', '상승' 등의 의미를 갖고, 음이라는 범주는 '차가움', '수축', '하강' 등의 의미를 갖는다. 비나 이슬은 서리나 눈과 달리 따뜻할 때 발생한다. 이런 경험적 관찰을 기초로 비나 이슬은 양의 부류에 속하는 것으로, 서리나 눈은 음의 부류에 속하는 것으로 간주되었다. 불은 위로 타오르기 때문에 양의 부류에 속하고, 반대로 물은 음의 부류에 속한다. 또한 털을 가진 짐승은 따뜻한 봄과 여름에 출현하고 겨울에는 숨는다. 그래서 털을 가진 짐승도 양의 부류에 속하는 것이라고 보았다. 나아가 날개를 가진 동물, 즉 조류는 하늘로 날아오르는 상승 운동을 하기 때문에 양의 부류에 속하는 것으로 보았다. 결국 털을 가진 짐승, 비나 이슬, 조류는 모두 동일한 조건 속에서 양의 성질을 지닌 것으로 출현한다. 그래서 회남자는 '사물들은 부류끼리 서로 움직인다(物

類相動)'고 결론을 내렸던 것이다. 음의 사물은 음의 부류끼리, 양의 사물은 양의 부류끼리 움직이고 활동하는 결정적인 이유로서, 회남자 시대의 학자들은 태양과 달을 생각해냈다. 낮을 지배하는 태양은 양의 부류를 지배하는 것이고, 밤을 지배하는 달은 음의 부류를 지배하는 것으로 설명된 것은 바로 이 때문이다. 이런 추론 끝에 그는 '근본과 말단은 서로 상응한다(本標相應)'는 결론을 내리게 된다. 바로 이 결론을 통해 회남자는 자신의 유기체적 세계관을 정당화하려 했던 것이다.

 더 읽어볼 만한 책

마루야마 도시아끼, 《기란 무엇인가》, 박희준 옮김(정신세계사, 1989)

《회남자》에서 전개된 유기체적 자연관을 알기 위해서는 기(氣)와 음양오행(陰陽五行)에 대한 논의를 이해할 수 있는 안목이 있어야 한다. 이 책은 바로 이 점에서 독자들에게 많은 도움을 줄 것이다. 특히 두 번째 장에서 다루는 〈기의 우주론〉은 《회남자》에서 전개된 우주발생론과 유기체적 자연관에 대해서 많은 시사점을 던져주고 있다. 한나라 때 완성된 중국적 자연관에 대해 관심을 가지고 있는 독자들은 이 책을 통해서 보다 많은 정보와 유익한 통찰을 얻어낼 수 있을 것이다.

회남자, 《회남자》, 이석호 옮김(세계사, 1992)

《회남자》에는 회남자의 사유만이 아니라 그의 식객으로 지냈던 뛰어난 사상가들의 사유 또한 집결되어 있다. 특히 중요한 것은 여기에 한나라 때의 자연과학적 발전과 성과가 담겨 있다는 점이다. 회남자는 무위정치라는 자신의 정치적 이념을 정당화하기 위해 당시의 과학적 성과들을 종합했다. 이석호가 《회남자》 전체를 번역한 이 책을 통해 우리는 《회남자》를 쉽게 우리말로 접할 수 있게 되었다. 복잡하고 낯선 《회남자》의 사유 세계를 전하기 위해서 고군분투한 옮긴이의 노력이 번역서 도처에서 빛난다.

제2장

동중서—하늘의 의지를 받드는 종교적인 정치학

1. 유학, 국가 이데올로기로 자리매김하다

동중서(董仲舒, 기원전 176~ 104)는 한 무제 때의 정치가이자 사상가다.

동중서

동중서는 회남자 유안과 거의 동시대 사람이나, 회남자와는 대립적인 사유 태도를 지녔다. 회남자가 황로 사상을 표방해 무위정치라는 이념을 주장한 반면, 동중서는 이에 맞서 유교 사상에 근거한 유위정치를 강조했다.

회남자의 무위정치 이념은 결국 군주의 절대 권력을 억제하는 논리로 사용되었기 때문에, 무제는 이를 척결하려고 노심초사했다. 무제는 각 지방에 영을 내려 자질 있는 학자를 모으고, 그들에게 책문(策問, 임금이 정치적 문제 등을 제시하여 의견을 묻는 것)을 내렸다. 동중서는 이에 대해 세 편의 대책을 올렸는데, 이것이 《천인삼책(天人三策)》이다. 무제는 이를 통해서 마침내 당시의 황로 사상을 무력화할 수 있는 사상적 명분을 얻게 된다. 동중서의 사상은 지금 《한서(漢書)》에 실려 있는 〈천인삼책〉 이외에 《춘추번로(春秋繁露)》에 기록되어 전해지고 있다.

회남자에게 하늘은 무위자연(無爲自然), 즉 '어떤 의도나 의지도 없이 스스로 그러한' 비인격적인 자연물로 이해되었다. 반면 동중서에게 하늘은 확고한 의지나 목적을 가지고 있는 인격적인 주재자로 간주되었다. 더 나아가 동중서에게 하늘의 의지라는 것은, 유학의 최고 덕목인 인으로 이해되기도 했다. 그렇다면 군주의 정치는 하늘의 의지를 따라서 유학 이념인 인을 통치 이념으로서 실현하는 일이 된다. 동중서

《한서》

유학의 시조 공자(孔子)

에 따르면 만약 하늘의 의지를 위배해 정치가 이루어질 경우, 하늘은 반드시 군주를 질책한다고 말한다. 이것이 바로 동중서의 유명한 재이설(災異說)이 지닌 의미이다. 이로 인해 동중서는 유교 사상을 종교적인 형태의 이론으로 변질시켰다는 비판을 면할 수 없게 되었지만, 동시에 종교적 관념을 이용해서 유교 사상을 국가의 공식 이데올로기로 확고하게 정착시키는 데 성공했다.

2. 무위정치에서 유위정치로

한나라 초기 약 60여 년간은 주로 황로 사상에 입각한 무위정치가 유행했다. 이 이념은 조세 경감, 형벌의 간소화, 제도 개혁의 자제, 공역의 축소 등으로 구체화되어 나타났다. 이것은 대내적으로는 진나라의 강력한 중앙집권 통치 형식에서 벗어나 백성들에게 휴식을 주어 궁극적으로 생산력을 효율적으로 회생시키고, 아울러 여러 제후국에게도 방임 정책을 취해 제후국의 내정에 간섭하지 않으려는 의도를 가진 것이었다. 한편 대외적으로는 흉노(匈奴)와 화친 관계를 유지하려는 것이기도 했다. 이처럼 한동안 무위정치를 행한 결과, 한나라는 초반의 피폐된 경제 생산력을 회복하고 제국으로서 민심을 수습하는 데 어느 정도 성공하게 된다. 그러나 다른 측면에서 보면 이런 방임적 무위정치는 중앙집권적인 황제 권력을 약화시킬 수밖에 없었다. 한나라의 무제는 바로 이런

흉노(匈奴)는 훗날 로마 제국을 괴롭혔던 훈족 계열의 부족이었던 것으로 보인다. 기원전 209년 흉노는 유방과 그의 군대를 7일 동안 포위했을 정도로 강력했다. 기원전 198년 한나라는 흉노가 제안했던 굴욕적인 조건을 받아들여 평화조약을 체결하게 되는데, 이 조건에 따르면 한나라는 매년 비단, 식량 등을 보내고 공주를 흉노의 왕에게 시집 보내야 했다. 사실 이전에 진시황이 만리장성을 쌓은 이유도 바로 흉노족 때문이다.

상황을 역전시키고 황제 권력을 강화시키기 위해 강력한 중앙집권을 도모했다. 바로 이때 동중서의 《천인삼책》이 무제의 손에 쥐어지게 된다.

훈족

지금 한나라는 진나라를 이은 후 썩은 나무와 더러운 담장 같은 상황이어서, 비록 잘 다스리려고 해도 망하는 것은 어찌할 수 없습니다. 법이 나오자 간사함이 생기고 명령이 내려지자 거짓이 일어나는 것이, 마치 물이 끓기를 막으려는 것 같고 목재를 지고 끄려는 불 속으로 들어가는 것 같아서, 이런 경향이 심하면 심할수록 망하는 것이 더 심해집니다. 비유를 하자면 거문고와 비파가 조율이 심하게 맞지 않을 때는 현을 풀어서 다시 매야 켤 수 있는 것과 같습니다. 마땅히 다시 매야 할 것을 다시 매지 않을 경우 비록 솜씨 좋은 공인이 있더라도 조율할 수 없고, 마땅히 변혁을 해야 하는데도 하지 않는 경우 비록 대단한 현인이 있다고 할지라도 잘 다스릴 수 없는 법입니다. 그러므로 한나라가 천하를 소유한 이래, 항상 잘 다스리려고 해도 지금까지 그렇게 되지 못한 것은 마땅히 변혁해야 하는데 그렇게 하지 못한 데 있습니다.

《한서》, 〈동중서전(董仲舒傳)〉

한나라를 세운 유방

《천인삼책》에 따르면 무제 이전의 정치 이념, 즉 무위정치는 진나라가 남긴 폐단을 척결하지 못했을 뿐만 아니라, 오히려 이미 저질러진 폐단을 방치해서 혼란을 더욱 가중시켰다. 동중서가 말하는 국가의 폐단이란, 제국의 질서를 동요시키는 혼란의 조짐으로서 호족과 외척의 횡행을 의미한다. 그러나 무위를 주장하는 황로사상은 방임을 주장함으로써 주어진 상황에 수동적으로 대처해 정치적 무질서를 극복하기는커녕 오히려 조장했다. 동중서는 국가의 난제를 해결하기 위해서 적극적인 실천 의지, 즉 유위 사상이 존중되어야 한다고 판단했다. 그의 생각에 따르면 오직 유교 사상만이 이런 유위정치를 이념적으로 정당화할 수 있다.

> 오늘날 스승들은 도(道)를 달리하고 사람들은 논의를 달리하며, 여러 학파는 자신의 주장을 달리하여 그 취지가 서로 같지 않습니다. 그러므로 군주는 통일을 유지할 수 없어서 법적인 제도가 자주 변하게 되어 신하들은 무엇을 지켜야 할지 알지 못하게 되었습니다. 저는 비록 어리석지만, 육예(六藝)의 가르침과 공자의 학술에 뜻을 두지 않은 자들이 유학의 도를 끊어버렸으니, 함께 진흥시켜서는 안 되리라고 생각합니다. 사특하고 치우친 학설들이 소멸된 뒤에야 통치의 기강이 하나로 통일될 수 있고, 법적인 제도가 분명해질 수 있으며, 마침내 백성들이 따라야 할 것이 무엇인지를 알게 될 것입니다.
>
> 《한서》, 〈동중서전〉

육예(六藝)란 귀족들에게만 한정되었던 여섯 가지 예로서, 예절(禮), 음악(樂), 활쏘기(射), 마차 몰기(御), 글쓰기(書), 점치기(數)를 가리킨다.

'모든 학파를 축출하고 오직 유학만을 숭상한다(罷黜百家, 獨尊儒術)'는 당시의 구호는 이런 정황을 잘 대변해준다.

동중서가 제안한 이러한 유학 이념은 강력한 중앙집권을 추구한

무제의 정치적 의도와 맞물려 정치적 명분이 되고 현실화되었다.
이제 유교 사상은 다양한 사상 중 하나가 아니라, 명실 공히 국가
에서 공인한 유일한 사상 즉 국교(國敎)로 승격한 것이다. 기억해
두어야 할 점은 유교가 중국의 정치, 역사, 사회, 문화에 강력한 사
상적 영향을 미치게 된 것이 바로 이 시점부터라는 사실이다.

3. 하늘은 의지를 가지고 있다

황로 사상의 대변인인 회남자에게 하늘은 기본적으로 인격과 의

지를 가지지 않는 객관적 자연을 상징한다. 물론 그렇다고 해서 자연이 인간 세계와 무관한 것은 결코 아니다. 그는 자연의 변화가 인간 세계에 불가피한 영향을 끼치며, 동시에 인간 세계의 변화도 자연에 영향을 미친다고 보았기 때문이다. 이런 유기체적 세계관의 논리를 통해서 회남자는 군주의 자의적인 정치 행위를 제약하려 했다.

이런 상황에서 무제는 동중서의 유교 사상에서 황로 사상의 무위정치 이념을 극복할 수 있는 강력한 유위정치 이념을 발견하게 된다. 그런데 흥미로운 점은 동중서의 유교 사상도 회남자의 경우와 마찬가지로 군주의 자의적인 정치 행위를 제약하려는 의도를 담고 있다는 점이다. 동중서의 체계에 따를 경우에 군주는 절대자로서의 하늘의 의지에 반드시 복종해야 하는 존재로 그려지고 있다.

한대 화상석(畫像石)에 새겨진
유학 강의 모습

하늘은 늘 만물에 애정과 복리를 염두에 두고 있고 영양과 생장을 자신의 일로 삼는다. 봄, 여름, 가을, 겨울 사계절이 모두 그렇게 작용한다. 군왕도 늘 하늘과 같이 백성을 위한 애정과 복리에 급급하고 한 시대를 편리하고 즐거운 세상으로 만들려고 계획을 세운다. 그의 좋아함, 미워함, 즐거움, 성냄이 모두 그것을 가능하게 하도록 작용한다. 그러므로 군주의 좋아함, 미워함, 즐거움,

성냄은 곧 하늘의 봄, 여름, 가을, 겨울에 대응된다. 하늘은 따뜻함, 서늘함, 추위, 더위를 두고서 계절에 따라 바꾸며 한 해의 결실을 완수한다. 하늘은 이런 네 변화를 일으키니 때에 맞게 진행되면 그 해의 성과가 풍성하지만, 때에 맞지 않게 진행되면 그 해의 성과가 나빠진다. 군주는 이런 네 변화를 일으키니 적당하게 반응하면 세상이 안정되지만, 부당하게 반응하면 세상이 어지러워진다.

《춘추번로》, 〈왕도통삼(王道通三)〉

동중서에게 하늘은 명확한 의도와 목적을 가지고서 작용하는 일종의 절대적 인격이다. 하늘은 "만물에 애정과 복리를 염두에 두고 있고 영양과 생장을 자신의 일로 삼"고 있기 때문이다. 이것은 결국 하늘이 무위하는 존재가 아니라 유위하는 존재라는 것을 말해준다. 따라서 이 세상의 군주 역시 하늘이라는 절대자의 의도나 목적, 즉 하늘의 유위를 따라서 그대로 유위정치를 수행해야 한다. 만약 군주가 하늘의 의지를 따르지 않는다면 어떻게 될까? 동중서는 하늘이 자신에 대한 반항을 적극적으로 징계할 것이라고 주장한다.

하늘과 땅 사이의 모든 개별자에게 보통 있을 수 없는 사건이 나타나게 되면, 그것을 '사변(異)'이라고 하고 규모가 작은 경우 '이상 현상(災)'이라고 말한다. 이 둘 가운데 이상 현상이 늘 먼저 일어나고 사변은 뒤따라서 출현한다. 이상 현상이 하늘의 질책이고 경고라면, 사변은 하늘의 징벌이자 위력이다. 하늘이 경고했는데도 사람이 알아차리지 못하면 위력을 행사하여 사람을 두렵게 만든다……이상 현상과 사변의 근원은 한결같이 국가의 실책에서 생겨난다. 국가의 실책이 처음으로 가시화되면 하늘이 이상 현상을 일으켜 경고하여 다가올 위험을 알려준다. 경고를 했는데도 정치인들이 고칠 줄을 모르면 사변을 일으켜 사람들을 놀라게 하고 두렵게 만든다. 그럼에도 여전히 두려워할 줄 모르면 재앙이 일어난다. 이런 경과를 보면 우리는 하늘의 의지가 사랑함에 있지, 사람을 위험에 빠뜨려 그들을 다치게 하는 데 있지 않다는 것을 알 수 있다.

《춘추번로》, 〈필인차지(必仁且智)〉

이 글은 동중서를 유명하게 만든 재이설에 관한 것이다. 하늘의 의지는 기본적으로 '만물에 대한 애정과 복리'에 있다. 그럼에도 군주가 하늘의 의지에 반대한다면, 다시 말해 군주가 백성을 사랑하지 않거나 백성의 복리를 증진시키지 않는다면, 하늘은 군주에게 분노를 표현하게 될 것이다. 하늘이 자신의 분노를 표현하는 수단이 바로 재와 이[災異]다. 그러나 하늘은 기본적으로 군주를 포함한 만물을 사랑하기 때문에 자신의 분노를 점진적으로 표현한다. 하늘은 우선 규모가 작은 자연 현상을 보여줌으로써, 군주가 정치를 잘못하고 있다는 것을 질책하고 경고한다. 그럼에도 군주가 하늘의 뜻을 계속 무시하면 하늘은 마침내 크게 분노하여 홍수

재(災)는 커다란 홍수, 심한 가뭄, 해충의 침범 등 농경 생활에 실질적인 해를 가져오는 사건을 가리키고, 이(異)란 일식, 월식, 혜성의 출현, 동물의 이상 행동 등 실질적인 해를 가져오지는 않지만 정상적이지 않은 현상을 가리킨다.

와 같은 재앙을 내리게 된다는 것이다.

4. 제사장으로서의 군주의 역할

동중서에게 재이설은 두 가지 함축적 의미를 갖는다. 첫째, 재이
설은 회남자와 달리 하늘은 유위하는 인격적 존재라는 것을 나타
낸다. 둘째, 재이설은 군주의 자의적인 통치 행위를 종교적인 논리

로 제약하려는 정치적 의도를 담고 있다. 무제가 동중서의 건의를 받아들여 유교를 국가가 공인하는 유일한 사상으로 선포하면서도, 동중서를 높이 등용하지 않은 이유는 바로 이 두 번째 의미에 있다. 동중서의 유교 사상이 군주권을 제약하는 또 다른 논리가 될 수 있다는 점을 간파한 무제는 유교 사상을 황로 사상을 공격하는 도구로써 제한적으로 채택한 것이다.

한편 동중서는 자신이 숭상하던 유교의 이념, 즉 인의예지를 하늘의 의지라고 간주함으로써 절대적인 가치를 지닌 것으로 자리매김했다. 결국 이로부터 유학은 하나의 거대한 종교 체계로 변질된다. 물론 동중서의 의도는 유교를 종교 체계로 만드는 데 있었던 것은 아니다. 오히려 당시의 종교적인 통념을 방편적으로 이용해 유학 이념을 절대적인 정치 이념으로 만들고자 했다. 강력한 권력을 가진 군주를 하늘의 의지 밑에 종속시킬 수만 있다면, 유교 사상은 분명 모든 사회 전반에 손쉽게 뿌리내릴 수 있기 때문이다. 다음 글은 동중서의 이런 복잡한 의도를 가장 분명하게 보여준다.

왕은 오직 하늘의 작용에만 의거해야 한다. 예를 들면 왕은 하늘의 시절(時節)을 본받아서 시무(時務)를 완수하고, 하늘의 명령을 받아서 사람들이 그것에 순종하도록 하고, 하늘의 법칙(數)을 본받아서 사업을 일으키고, 하늘의 도를 밝혀서 삶의 길을 모색하고, 하늘의 뜻을 밝혀서 모든 것이 진실한 사랑[仁]으로 귀결되도록 해야 한다. 진실한 사랑의 아름다움은 하늘에 달려 있다. 하늘은 진실한 사랑의 표본이기에, 만물을 지켜주고 길러주며 변화시키고 제대로 살아가게 해주고 또 길러주고서도 틀을 갖추도록 해준다. 이처럼 하늘이 하는 일의 공적은 끝이 없지만, 한 주기의 매듭이 지어지면 다시 시작하고 모든 움직임이 사람에게로 집중되고 사람을 위해 이루어준다. 하늘의 뜻을 살펴보면 끝과 한계가 없는 진실한 사랑이다. 사람은 하늘로부터 명령을 받고 하늘로부터 진실한 사랑을 받아서 그런 사랑을 펼친다.

《춘추번로》, 〈왕도통삼〉

동중서는 유교 이념이 위로는 하늘의 의지에서부터 아래로는 모든 인간의 삶까지 지배하는 세상을 만들고자 했다. 그러나 중요한 점은 현실 세계의 최고 권력자인 군주가 하늘의 의지를 믿고 숭배해야만 동중서의 시도가 성공할 수 있다는 점이다. 자신의 시도를 관철하기 위해서, 동중서는 군주를 재이설로 협박하기까지 한다. 이것은 그가 유교 이념을 대중화하려면 군주로 하여금 우선 유교 사상을 절대적으로 신봉하게 해야 한다는 점을 통찰하고 있었기 때문이다. 나아가 동중서는 '왕(王)'이라는 글자로 군주를 설득하려고 시도한다.

옛날의 글자를 만든 인물은 먼저 가로획을 '삼(三)'처럼 나

란히 세 번 쓴 뒤에 한가운데에 세로획을 그어 세 획을 이어서 '왕'이라는 글자를 만들었다. 가로의 세 획(三)은 각각 하늘, 땅, 그리고 인류를 상징하고, 가운데를 이은 획(丨)은 세 영역의 원칙을 모두 하나로 통일하는 점을 상징한다. 이처럼 글자를 만든 사람은 하늘, 땅, 인류를 상징하는 획의 가운데 지점을 찾아 연결시켜서 하나로 통일시켰으니, 왕이 아니라면 누가 이런 역할을 맡을 수 있겠는가?

《춘추번로》, 〈왕도통삼〉

〈왕도통삼〉은 제목이 상징하는 것처럼 '왕의 도는 세 가지를 소

통시킨다' 는 점을 집중적으로 논한 글이다. 동중서는 왕이 전체 세계를 구성하는 세 가지 요소, 즉 하늘, 땅, 인류를 연결하는 역할을 한다고 설명한다. 물론 여기서 가장 중요한 것은 역시 하늘 자신의 의지이며, 왕은 일종의 제사장과 같다. 제사장은 독자적으로 행동하는 자가 아니라 하늘의 의지를 따르며 그에 복종하는 자다. 그렇다면 동중서가 제안했던 왕은 무제의 기대와 달리 하늘의 의지만을 받드는 수동적인 존재에 지나지 않는다. 이 점에서 중앙집권을 추구하여 강력한 전제정치를 시행하고자 했던 무제로서는 동중서의 제안을 완전히 받아들일 수 없었다.

5. 성리학의 틀을 마련하다

회남자의 무위 이념을 철저히 극복하려고 노력했던 사상가 동중서는 하늘이 유위하다는 점을 보여주려고 했다. 이 때문에 동중서가 주장하는 하늘은 의지와 목적 그리고 그에 따른 작용을 함께 가지고 있다. 더 나아가 그는 하늘의 의지가 바로 인이라는 유교 이념을 실천하는 데 있다고 주장한다. 따라서 인간 세계를 대표하는 군주는 바로 이런 하늘의 의지를 떠받드는 일종의 제사장 역할을 수행해야 한다. 만약 군주가 하늘의 의지를 따르지 않는다면 하늘은 기괴한 자연 현상을 통해

한 무제 당시 실크로드 개척에
나선 장건(張騫)

서 군주를 질책할 것이기 때문이다.

동중서는 종교적이고 미신적인 통념을 종합적으로 수용하면서, 이를 토대로 자신이 신봉하던 유교 이념을 대중화하려고 시도했다. 그의 시도는 무제 때의 복잡했던 정치적 상황으로 인해서 유교 국교화라는 성공적인 결실을 맺게 된다. 이 점에서 유교 사상이 중국 사회의 지배적 담론이 된 것은 일차적으로 동중서의 공로라고 말할 수 있다. 동중서의 사상은 이후에 등장하는 왕충의 자연주의 철학, 왕필의 형이상학 그리고 불교의 사유 경향에 의해 거듭 비판받게 되지만, 그 명맥은 결코 사라지지 않았다. 후대 송나라에서 다시 번성하게 되는 형이상학적 유교 사상, 즉 성리학도 기본적으로는 동중서의 체계에서 직간접적인 영향을 받아 구성된 것이다. 성리학은 동중서의 하늘 개념이 지닌 인격성을 제거하고, 그것을 태극(太極)이라는 개념으로 변모시키면서 자신의 형이상학 체계를 구성하게 된다.

주돈이(周敦頤, 1017~1073)는 《태극도설(太極圖說)》을 지은 것으로 유명하다. 《태극도설》은 태극(太極)에서 어떻게 만물이 생성되었는지를 설명하는 짧은 단편이다. 주돈이의 태극 개념을 받아들인 성리학은 태극에서 만물이 생성된다고 본 거대한 형이상학을 구성했다.

동중서가 들려주는 이야기

하늘에는 음과 양이 있으며, 사람 또한 음과 양을 가지고 있다. 하늘과 땅의 음기가 일어나면 이에 대응해서 사람의 음기도 일어난다. 반대로 사람의 음기가 일어나면 이에 대응해서 하늘과 땅의 음기도 일어나게 된다. (자연계와 인간계의) 도는 동일한 것이기 때문이다. 이 점을 분명히 아는 사람은 비가 오게 하려면 음을 움직여 작동하도록 해야 하며, 비가 그치게 하려면 양을 움직여 작동하도록 해야 한다.

《춘추번로》, 〈동류상동(同類相動)〉

天有陰陽, 人亦有陰陽, 天地之陰氣起, 而人之陰氣應之而起, 人之陰氣
起, 天地之陰氣亦宜應之而起, 其道一也. 明於此者, 欲致雨, 則動陰以
起陰, 欲止雨, 則動陽以起陽.

 한자 풀이

應(응) : 감응하다　　　　　　　　明(명) : ~을 분명히 알다

宜(의) : 반드시, 마땅히　　　　　致(치) : ~을 초래하다

깊이 읽기

동중서에 이르러 음양은 단순한 사물 분류법의 정도를 넘어서 모든 사물과 사태 그리고 그 변화에 토대를 부여하는 내재적 원리로서 이론화된다. 그는 하늘과 땅마저도 음과 양의 계기를 가진 것으로 사유하고 있다. 물론 이런 사유방식은 동중서를 포함한 한나라 사상가들이 기를 하늘과 땅을 넘어선 최고 범주로 사유하게 됨에 따라 자연스럽게 유래한 것이다. 하늘과 땅을 포함한 모든 사물은 음과 양의 계기를 가진 것으로서 사유된다. 바로 이 부분에서 유명한 동중서의 유기체론이 전개된다. 모든 사물은 음과 양의 계기를 가지고 있는데, 음은 음끼리 양은 양끼리 상호 작용한다. 동중서에 따르면 인간에 내재한 음이 하늘에 내재한 음에 영향을 주고, 반대로 하늘에 내재한 음은 인간에 내재한 음에 영향을 준다. 따라서 만약 음을 상징하는 비가 오게 하려면 그것을 유발할 수 있는 음의 행위를 해야 하고, 비를 그치게 하려면 양의 행위를 함으로써 비가 함축하고 있는 음의 힘을 상쇄시켜야 한다고 강조한 것이다. 이런 논의에 기초해서 동중서는 군주를 일종의 제사장처럼 설명하고 있다.

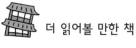 더 읽어볼 만한 책

동중서, 《동중서의 춘추번로―춘추-역사 해석학》, 신정근 옮김(태학사, 2006)

이 책은 동중서의 주저 《춘추번로》를 글자 그대로 완전하게 번역해낸 것이다. 주목받는 중국 철학 연구자 중 한 사람인 옮긴이는 이 책을 일종의 역사 해석학이라고 명확히 규정하고 있다. 기존의 한문투 번역을 극복하고 가급적 우리말에 근접하게 번역하려는 옮긴이의 노력이 돋보인다. 이 책의 가장 큰 매력은 가독성이 매우 높다는 것과 아울러 《춘추번로》의 사상을 이해하는 데 필요한 훌륭한 주석들을 많이 갖추고 있다는 점이다.

로이, 마이클, 《고대중국인의 생사관》, 이성규 옮김(지식산업사, 1989)

저자 마이클 로이Michael Loewe는 영국 캠브리지 대학 교수로, 평생을 중국 한나라 역사 연구에 헌신한 학자다. 이 책은 전문적인 연구서라기보다는 일반 독자를 위해서 씌어진 것이지만 수십 년간의 연구 성과를 토대로 하고 있다. 한나라의 사상적 분위기에 대해 이 책만큼 쉬우면서도 정확하게 기술한 책도 드물다. 동중서의 사상은 물론 회남자의 사상, 나아가 한나라 사상계의 전반적인 분위기를 이해하기 위해서 반드시 읽어야 한다.

황제내경—
몸과 마음에 대한 동양 의학적 통찰

제3장

1. 유기체적 세계관에 따른 의학 체계

회남자의 철학적 사유와 함께 당시의 자연과학적 성과를 종합적으로 기술한 《회남자》에는 고대 중국인의 자연관과 인간관을 보여주는 흥미로운 자료가 산재해 있다. 그러나 한나라 초기에 형성되어 서양 문명이 전래될 때까지 유지되었던 중국의 자연관과 인간관의 총체적 모습은 중국 전통 의학에서도 찾을 수 있다. 바로 여기에 《황제내경》이 갖는 중요성이 있다. 《황제내경》은 전국시대 편작(扁鵲)이라는 명의에 의해 출현한 동양 의학의 업적을 한나라의 의사들이 집대성한 결과물로서, 이 책만큼 자연과 인간에 대한 고대 중국인의 이해를 잘 보여주는 텍스트는 없을 것이다.

《황제내경》을 쓴 한나라의 의사들 역시 '음양오행설(陰陽五行說)'이라는 일종의 유기체적 자연관에 입각해서 동양 의학을 체계

편작(扁鵲)은 《사기(史記)》에 전기가 실려 있는 중국 주(周)나라의 명의로, 성은 진(秦), 이름은 월인(越人)이라고 전한다. 제자와 함께 여러 나라를 다니면서 침, 약초 등으로 병을 치료했으며 맥박에 의한 진단에 탁월했다고 한다. 그러나 생몰 연대가 분명하지 않은 점으로 미루어 전설을 합해 만든 가상 인물일 것이라는 견해가 주를 이룬다.

고증에 따르면 기원 전 1세기 말에 이미 《황제내경(皇帝內經)》이 존재하고 있었다는 것을 알 수 있다. 이 책은 황제에 빗대어 작은 우주인 인간의 육체를 논한 자연철학적 이론 의서를 총칭한 것이다. 중국 고대 전설상의 인물인 황제와 그의 신하인 기백의 의술에 관한 토론을 기록한 것이라고 하나 전국시대에 활약하던 음양가(陰陽家)의 논리에 맞춰 예전부터 전승되던 것을 모아 엮은 책으로 보인다. 이 책은 소문(素問)과 영추(靈樞) 두 부분으로 나뉘며 각각 9권 162편으로 구성되어 있다.

화했다. 그리고 이 이론에 따라 질병을 진단하고 치료했다. 유기체적 자연관은 모든 것을 유기체, 즉 일종의 생명체로 바라보는 자연관이다. 한편 《황제내경》에는 인간을 '소우주', 세계를 '대우주'로 간주하는 세계관이 드러난다. 다시 말해서 인간과 세계는 구조적으로 동일하다고 전제하는 세계관이다. 그러나 여기서 간과해서는 안 될 점은, 이런 생각이 《황제내경》만의 고유한 발상이 아니라 《회남자》나 《춘추번로》 등에서 이미 확인된 것처럼 한나라 때의 공통적인 발상이었다는 점이다.

2. 강처럼 우리 몸속을 흐르는 기

동양 의학에서 환자를 진단하는 데 사용하는 네 가지 진단 방법
중 그 고유성을 가장 잘 보여주는 것은 바로 절진(切診)이다. 절진
이란 촉진(觸診)과 동의어로 환자의 몸을 손으로 만져서 진단하는
일을 의미하는데, 맥을 진단하는 맥진(脈診), 즉 진맥(診脈)이 바
로 그것이다. 나머지 세 진단법인 망진(望診), 문진(聞診), 문진(問
診)은 서양 의학에서도 통용되는 방법이다.

전설상의 인물 황제

그렇다면 '맥을 진단한다'는 것은 과연 무슨 의미인가? 우선 눈
에 띄는 것은 바로 '맥(脈)'이라는 단어다. 동양 의학에서 맥은 12
경맥(經脈)과 아울러 무수히 많은 낙맥(絡脈)을 가리킨다. 《황제
내경》뿐만 아니라 현대 한의학에서도 12경맥과 무수하게 많은 낙
맥을 합해서 경락(經絡)이라고 부르는데, 맥이 중요한 이유는 이
것을 통해서 기가 흐르기 때문이다.

고대 중국인은 바람과 비를 혈기(血氣)에 비유하곤 했다. 바람
과 비는 농경 생활을 영위하던 그들에게 약이면서 동시에 독으로
도 작용할 수 있다. 비바람을 통해서 대지에 고이는 물은 농작물의
성장에 필수 불가결하지만, 동시에 엄청난 수해를 일으켜 농작물
은 물론 인간마저도 죽음으로 내몰 수 있는 위험한 존재다. 따라서
비의 형태로 내려와 하천과 지류를 통해 흐르며 대지를 가로지르
는 물길을 조절하는 사업, 즉 치수 사업은 국가적으로 중요한 의미
를 지녔다. 실제로 중국 역대 정권은 치수 사업에 정권의 사활을
걸었던 경우가 많았다.

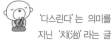

'다스린다'는 의미를 지닌 '치(治)'라는 글자에 '물[水]'을 뜻하는 'ㆍ氵'라는 부수가 들어가 있다.

그런데 고대 중국인은 신체에도 하천과 그 지류와 동일한 역할을 하는 경락, 즉 맥이 있다고 생각했다. 신체에 있는 거대한 열두 가지 하천이 경맥이라면 열두 가지 하천 사이에 존재하는 무수히 많은 지류를 낙맥이라고 본 것이다.

맥의 기는 마치 물이 흐르는 것이나 해와 달이 쉬지 않고 운행하는 것처럼 운행한다. 그러므로 음맥(陰脈)은 오장으로 운행하고 양맥(陽脈)은 육부로 운행하여, 시작과 끝이 없는 고리처럼 끊임없이 반복하여 운행한다. 그 흘러넘치는 기는 안으로는 장부에 물을 대고 밖으로는 피부를 촉촉하게 적셔 준다.

《황제내경 영추(靈樞)》,〈맥도(脈度)〉

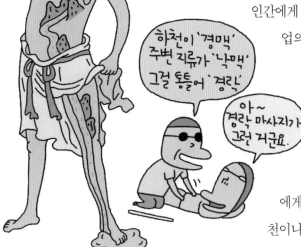

하천이나 그 지류가 막히면 흐르던 물은 범람하여 인간에게 엄청난 피해를 준다. 치수 사업의 목적은 막힌 곳을 뚫어서 물의 흐름을 조절하여 물이 자신의 길로만 다니도록 함으로써 인간에게 주는 피해를 최소화하는 데 있다. 물론 물이 인간에게 위협적인 것만은 아니다. 하천이나 지류를 통해서 흐르는 물은 대지를 풍성하게 해주고 농작물을 자라게 하는 중요한 역할을 맡고 있다. 이와 마찬가지로 신체 내부에 그물망처럼 퍼져 있는 경락도 위장에서 소화된 영양분을 온몸 구석구석까지 전달해주는 중요한 역할을 담당한다.

> 사람은 음식물에서 기를 받는데 음식물이 위로 들어가서 폐로 전해진 후에 오장육부 모두가 그 기를 받게 된다. 그중 맑은 것을 영기(營氣)라고 하고 탁한 것을 위기(衛氣)라고 한다. 영기는 맥 안을 순환하고 위기는 맥 바깥을 도는데, 하루 밤낮 50회를 돌면 영기와 위기가 다시 만나게 된다……영기와 위기는 곡기(穀氣)에서 변화되어 생겨난 정기(精氣)이고, 혈(血)도 음식물의 기에서 변화되어 생겨난 신기(神氣)이다. 그러므로 혈과 기는 이름은 다르지만 같은 종류다.
>
> 《황제내경 영추》, 〈영위생회(營衛生會)〉

이처럼 신체에 흐르는 기는 기본적으로 우리가 섭취하는 음식물에서 발생한다. 그러나 기를 음식물을 통해 섭취한 양분이라고 단순하게 이해해서는 안 된다. 《황제내경》에 따르면 기는 유동성을 가진 양분 혹은 유동화된 양분이라고 정의할 수 있다. 다시 말해 기는 이미 우리 신체 속에서 운행할 수 있도록 전환된, 우리 신체의 일부분으로 동화된 유동적인 에너지다. 동양 의학의 전통에 따르면 모든 질병은 경락이라는 맥 속에서 이 혈기가 제대로 운행되는지의 여부와 관련되어 있다. 앞에서 살펴본 진맥이란 바로 혈기가 제대로 운행되는지를 살펴보기 위해, 혈기가 운행하고 있는 통로인 경락이라는 맥을 짚어보는 진료 행위를 말한다.

3. 부분에는 전체가 반영되어 있다

환자를 진찰하고 있는 의사.
루브르 박물관

서양 의학에서 질병을 진단하기 위해서 사용되는 방법으로 대표적인 것이 엑스레이나 내시경으로 몸의 내부를 살펴보는 것이다. 이것은 정확한 진단을 위해서 병이 발생한 부위를 직접 관찰하겠다는 서양 의학 특유의 발상으로 인해 가능해진 것이다. 반면 동양 의학은 신체의 모든 질병의 징후가 얼굴에 드러난다고 본다. 물론 이것은 단순히 얼굴에만 국한된 현상은 아니다. 동양 의학에서는 눈동자, 혓바닥, 손바닥, 발바닥, 하물며 머리카락에까지도 신체의 모든 질병의 징후가 나타난다고 본다. 이런 생각은 현재 한의사들이 환자를 진찰하는 방법에도 그대로 투영되어 있다. 이 점에서《황제내경》역시 분명한 유기체적 신체관을 표방하고 있다.

푸른색과 검은색은 통증을 나타내고, 노란색과 붉은색은 열증을 나타내며, 흰색은 한증을 나타낸다……이마는 머리와 얼굴의 병이 나타나는 곳이고, 미간 위쪽은 목구멍의 병이 나타나는 곳이며, 미간은 폐의 병이 나타나는 곳이고, 두 눈 사이는 심장의 병이 나타나는 곳이며, 명당은 간의 병이 나타나는 곳이고, 명당의 왼쪽은 쓸개의 병이 나타나는 곳이며, 코끝은 비장의 병이 나타나는 곳이며, 코끝 양쪽의 약간 위쪽은 위장의 병이 나타나는 곳이며, 광대뼈 아래는 대장의 병이 나타나는 곳이고, 양 뺨은 신장의 병이 나타나는 곳이며, 신장이 속한 뺨 아래쪽은 배꼽 부위의 병이 나타나는 곳이고, 콧마루 위쪽의 양쪽은 소장의 병이 나타나는 곳이며, 콧마루의 아래쪽은 방광과 자궁의 병이 나타나는 곳이다. 광대뼈 부위는 어깨의 병이 나타나는 곳이고, 광대뼈 뒤쪽은 팔의 병이 나타나는 곳이며, 광대뼈 뒤쪽 아래는 손의 병이 나타나는 곳이고, 눈 안쪽 모서리 위쪽은 가슴 부위와 유방의 병이 나타나는 곳이며, 뺨의 바깥쪽 윗부분은 등 부위의 병이 나타나는 곳이고, 잇몸을 따라 협거혈 아래쪽은 넓적다리의 병이 나타나는 곳이며, 양쪽 잇몸의 가운데는 무릎의 병이 나타나는 곳이고, 양쪽 잇몸 가운데의 아래는 정강이의 병이 나타나는 곳이며, 그 아래쪽은 발의 병이 나타나는 곳이고, 입가의 주름진 부위는 넓적다리 안쪽의 병이 나타나는 곳이며, 뺨 아래쪽 뼈 부위는 무릎뼈의 병이 나타나는 곳이다. 이렇듯 오장육부와 사지관절은 얼굴에 반영되는데 모두 그 상응하는 부위가 있다.

《황제내경 영추》, 〈오색(五色)〉

《황제내경》

협거혈이란 턱선 쪽으로 귀밑에서 약 3센티미터 아래 지점을 말한다.

오늘날에도 앞서 언급한 네 가지 진료 방법, 즉 사진(四診)이 그대로 쓰이고 있다. 첫째는 망진인데, 글자 그대로 '살펴서 진단한다'는 뜻이다. 이것은 환자의 전체적인 겉모습과 태도, 안색이나 혀를 의사가 보면서 여기에 나타난 징후를 통해 신체 전반의 병증을 알아내는 것이다. 둘째는 문진(聞診)인데, 글자 그대로 '들어서 진단한다'는 뜻이다. 이것은 환자의 목소리와 숨소리, 기침 소리를 듣고 신체 전반의 병증을 알아내는 것이다. 세 번째는 문진(問診)인데, 글자 그대로 '물어서 진단한다'는 뜻이다. 이것은 환자에게 자신의 병에 대해 이야기하도록 하고, 나아가 병이 발병하기 전의 개인사에 대해서도 직접 들어봄으로써 병증을 진단하는 것이다. 마지막 네 번째는 절진인데, 이것은 '직접 손으로 만져보고 진단한다'는 뜻이다. 여기에는 맥을 진단하는 맥진, 배를 만져보는 복진(腹診) 그리고 아픈 부위를 직접 만져보거나 눌러보는 진단법으로 환자의 병을 알아내는 방법 등이 포함된다.

동양 의학에서 이와 같은 네 가지 진단법이 생겨난 데는 바로 '신체의 일부분이 전체 신체의 상태를 반영한다'는 유기체적 신체관이 전제되어 있다. 이는 서양 의학의 해부학적 사유와 대조된다. 엑스레이나 해부란 기본적으로 서양 의학이 신체 내부의 장기를 직접 들여다보려는 의지를 가지고 있음을 보여준다. 반면 진맥을 통해서 살펴보되 구태여 장기를 직접 보지는 않는 동양 의학은 신체를 개별적인 장기

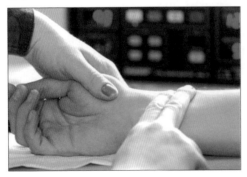

진맥

의 집합체 혹은 일종의 기계 장치로 보지 않고, 하나의 전체적인 유기체로서 이해하려는 의지를 가지고 있음을 보여준다.

동양 의학의 창시자라고 할 수 있는 전국시대의 의사 편작의 일 대기에도 이런 동양 의학의 의지가 드러나 있다. 《사기》〈편작창공 열전(扁鵲倉公列傳)〉에 실려 있는 편작의 일대기에 따르면, 편작 은 배를 절개하는 개복술을 시술했다는 유부(兪跗)라는 의사의 해 부학적 진료 방법에 대해 명확하게 반대 입장을 피력한다. "유부 의 의술은 가느다란 관을 통해서 하늘을 보고 좁은 틈으로 무늬를 보는 것과 같다……양에 관한 증상을 관찰하면 음에 관한 증상을 미루어 알 수 있고, 음에 관한 증상을 진찰하면 양에 관한 증상을 미루어 알 수 있다. 몸속의 병은 반드시 겉으로 드러나는 것이니 굳이 천 리 먼 곳까지 가서 진찰하지 않아도 병을 진단할 수 있 다." 편작의 이 말은 우리가 살펴보려는 《황제내경》뿐만 아니라 동 양 의학 일반의 특징과 정신을 가장 잘 표현한 것이다.

4. 정신의 동요가 질병을 낳을 수 있다

《황제내경》은 분명 유기체적 신체관을 표방하고 있다. 그런데 여기서 좀 더 주목해보아야 할 것은 고대 중국인들이 마음과 몸, 즉 정신과 육체의 관계에 대해서도 유기체적 입장을 견지하고 있 었다는 사실이다. 《황제내경》을 읽어보면, 고대 중국의 의사들이 인간의 정신 활동이 신체 내부의 장기와 직접적인 관련을 맺고 있다고 생각했음을 엿볼 수 있다. 다시 말해《황제내경》은 육체가 정신에 영향을 끼치고, 나아가 정신도 육체에 영향을 끼친다는 상호 간의 역동적 인과관계를 주장한다. 그래서 〈음양응상대론(陰陽應象大論)〉편에서는 '노여움은 간을 상하게 한다〔怒傷肝〕'라는 설명이 나오고,《황제내경 영추》〈본신(本神)〉편에는 '간에 기가 가득 차면 화를 잘 낸다'는 설명이 나온다. 이것은 정신 활동이 육체 활동의 원인일 수 있고, 반대로 육체 활동이 정신 활동의 원인일 수 있음을 분명하게 보여준다.

이와 같은 '유기체적 심신관'은《황제내경》중 〈백병시생(百病

始生〉〉편에 가장 잘 드러나 있다. 제목이 시사하는 것처럼 '모든 질병이 발생하는 원인'을 다룬 〈백병시생〉편은 질병이 발생하는 데 있어 정신 활동의 중요성을 다음과 같이 강조하고 있다.

모든 병은 바람, 비, 차가움, 따뜻함, 건조함, 습함과 기쁨, 노여움에서 생겨난다. 기쁨과 노여움을 절제하지 못하면 오장이 손상되고, 바람과 비는 몸의 윗부분을 손상시키며, 건조함과 습함은 몸의 아랫부분을 손상시킨다……바람, 비, 차가움, 따뜻함은 몸이 허약한 상태〔虛邪〕를 얻지 못한다면 그 자체만으로는 사람을 손상시키지 못한다. 갑자기 질풍이나 폭우를 만났는데도 병이 나지 않는 사람은, 몸이 허약하지 않기 때문에 사기(邪氣)만으로 몸을 손상시키지 못한 것이다. 이것은 반드시 병을 일으키는 바람과 허약한 몸이 서로 결합해야 사기가 인체에 침입한다는 것이다. 정상적인 기후와 건강한 몸이 서로 결합하는 경우에는 모든 사람의 근육이 견실하여 사기가 침입하지 못한다. 사기가 침입하는 것은 몸이 허약하고 기후가 비정상적이기 때문인데, 허약한 몸과 강한 사기가 결합해 큰 병을 일으키는 것이다.

《황제내경 영추》, 〈백병시생〉

이 글은 병의 원인으로 환경적 요인과 아울러 신체 내적 원인을 들고 있다. 우선 하늘에서 유래하는 바람과 비는 기본적으로 양에 배속되기 때문에, 양에 배속되는 신체의 윗부분을 손상시킬 수 있다. 반대로 땅에서 유래하는 건조함과 습함은 기본적으로 음에 배속되기 때문에, 음에 배속되는 신체의 아랫부분을 손상시킬 수 있다. 그리고 신체 내적으로는 즐거움과 노여움 같은 정신 활동이 병의 원인으로 작동할 수 있는데, 지나친 정신 활동은 오장을 손상시키기도 한다.

그러나 이어지는 글을 살펴보면 우리 신체가 정상적으로 작동할 때는 바람, 비, 건조함, 습함 같은 외적 요인이 병의 원인으로 기능할 수 없다는 지적이 나온다. 그렇다면 이것은 몸이 허약한 상태, 즉 허사(虛邪)야말로 바로 병의 근본적인 원인이 된다는 말이다. 여기서 우리는 즐거움과 노여움이 지나칠 경우 일어나는 내부 장기의 손상이 질병에 있어 얼마나 중요한 영향력을 미치는지 확인할 수 있다.

《황제내경 영추》〈순기일일분위사시(順氣一日分爲四時)〉편은 몸을 허약하게 만드는 원인으로 '즐거움과 노여움〔喜怒〕' 같은 정신 활동 외에도 '성관계', '음식' 등을 꼽고 있다. 성관계는 신체 안의 정기를 외부로 발산하는 행위이므로 신체를 허하게 할 수 있을 뿐만 아니라, 경맥 안에서 순환하는 기의 흐름을 요동치게 할 수 있다. 한편 음식의 경우는 기본적으로 우리 신체 내부에 돌고 있는 기의 원재료이기 때문에, 그 중요성을 다시 말할 필요는 없을 것이다. 물론 음식을 지나치게 섭취하면 오히려 해가 되고 독이 된다는 점 역시 분명한 사실이다.

바람, 비, 건조함, 습함 등의 외적 요인은 우리의 의지와 상관없이 우리를 엄습할 수 있지만, 정신 활동, 성관계, 음식 섭취 등은

우리의 의지에 따라 절제되고 조절될 수 있다. 이
점은 우리가 평소에 적절한 정신 활동, 절제된 성
관계, 균형 잡힌 식생활을 통해서 신체를 건강하
게 유지할 수 있다는 것을 보여준다. 만약 우리가
충분히 건강하다면 항상 우리를 엄습할 가능성이
있는 바람, 비, 건조함, 습함과 같은 외적인 기운
은 그다지 우리 신체를 손상시키지 못할 것이다.

그러나 어떤 외적인 영향 없이도 정신 활동이
직접 신체 내부의 오장을 손상시킬 수 있다는 통
찰, 반대로 신체 내부의 오장이 제 기능을 다하지
못할 때는 우리의 정신 활동에도 직접적 영향을
주게 된다는 통찰은 《황제내경》, 나아가 동양 의
학 특유의 유기체적 심신관을 가능하게 하는 중
요한 단서다. 우리는 앞서 한의학에서 통용되는

네 가지 진단법에 대해 알아보았는데, 그 가운데 유기체적 심신관
과 가장 밀접한 관련을 갖고 있는 것이 바로 물어서 진단하는 문진
이다. 문진을 통해서 의사가 환자에게 알아내고자 하는 것은 사실
환자의 정신 활동의 역사다.

귀한 신분에서 비천한 신세가 된 사람이라면 외사가 침입하
지 않아도 내부에서 질병이 생길 수 있습니다. 부유했다가
가난해졌을 때 그 처지를 한탄해서 생기는 병이 있습니다.
이는 모두 오장의 기가 운행하지 못하고 막혀서 병이 된 것입니다……삶을 살다가 겪게 되는 이별의 고통, 떠나간 것에 대한 그리움, 풀지 못할 억울함, 풀 길 없는 깊은 감정이나 근심, 공포, 기쁨, 노여움 등은 모두 오장을 공허하게 하고 기혈을 흩어지게 하는데, 사람의 생명을 다루는 의사가 이것을 모르고서 어떻게 의술을 말할 수 있겠습니까?

《황제내경 소문(素問)》, 〈소오과론(疏五過論)〉

분명 질병은 신체의 이상 증상을 통해 확인되지만 일차적으로는 인간의 정신 활동에서 야기된다고 말할 수 있다. 과도한 인간의 정신 활동으로 인해 신체 내부의 장기가 손상되면 병이 생길 수 있을

뿐 아니라, 오직 이럴 때만 바람, 비, 건조함, 습함과 같은 외적 기운들이 신체를 손상시킬 수 있다. 그래서 동양 의학은 서양 의학의 경우처럼 신체의 어느 부위에 질병이 생길 경우, 그 부위만 치료하지는 않는다. 그것으로는 질병이 완전히 치료되었다고 말할 수 없다. 질병을 치료하기 위해서는 특정 신체 부위에 질병을 낳게 만든 진정한 원인을 확인하고 그것을 제거해야 한다. 이 때문에 《황제내경》은 환자와 대화하고 질문함으로써 그들의 정신적 역사를 읽어 내려고 노력했던 것이다. 이것은 《황제내경》의 유기체적 심신관에 따를 경우 불가피한 과정이었다.

5. 수행론적 전통을 마련하다

동양 의학에서 인간의 몸은 기라고 불리는 흐름과 그것이 흐르는 연결망이라고 할 수 있는 경락 개념을 중심으로 사유되었다. 이런 사유에 따르면 인간의 몸은 분리 불가능한 유기체를 구성하고 있으며, 이것을 가능하게 해주는 것이 바로 기의 흐름이다. 기는 외부에서 흡수한 양분이 신체 속에서 유동화된 물질이자 동시에 에너지와 같다. 기가 경락, 즉 신체 내부에 깔려 있는 연결망을 통해서 원활하게 순환된다면 건강한 삶을 누릴 수 있다. 반면 병에 걸렸다면 그것은 기가 경락을 통해서 제대로 순환되지 못하고 막혔기 때문이다. 이 경우 동양 의학에서는 경락의 적절한 지점을 침으로 자극해줌으로써 기의 흐름을 다시 원활하게 한다.

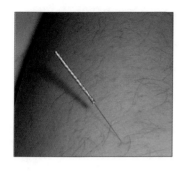

한편《황제내경》은 신체의 질병이 정신에 영향을 주고, 나아가 정신의 문제가 신체에 영향을 준다는 일종의 유기체적 심신관을 주장하고 있다. 마음의 고통이나 번민이 직접적으로 신체를 병들게 할 수 있다는 이러한 통찰은 마음을 수행함으로써 원만한 삶을 추구하려는 수행론의 발전에 큰 영향을 미친다. 마음의 고통이나 번민을 고칠 수 있다고 자임하는 불교 사상이 인도에서 수입되어 중국에서 번성했고, 불로장생을 꿈꾸던 도교의 단약(丹藥) 제조 기술이나 수행론이 유행했으며, 나아가 유학이 수행론을 중심으로 발전하는 이유는 바로 중국인 대부분이 공유하고 있던 유기체적 심신관에서 찾아볼 수 있다. 이처럼《황제내경》의 진정한 중요성은 유·불·도를 막론하고 중국 철학사에서 전개되는 다양한 수행론적 전통에 대한 이론적 기초를 제공해주었다는 점이다. 이 수행론은 오늘날까지도 중국 철학을 서양 철학과 구별하는 중요한 특징으로 자리 잡고 있다.

불로장생을 목적으로 여러 가지 자연 원료를 가공하여 만든 일종의 환약이다. 그러나 기록에 따르면 많은 환약이 중금속에 오염되어 있었던 탓에 그것을 먹은 사람은 불로장생은커녕 불구가 되거나 심지어는 사망하기도 했던 것으로 보인다.

황제가 들려주는 이야기

　　성인은 '이미 발생한 병〔已病〕'은 치료하지 않고 '아직 발생하지 않은 병〔未病〕'을 치료하며, '이미 어지러워진 것〔已亂〕'은 다스리지 않고 '아직 어지럽지 않은 것〔未亂〕'을 다스린다고 말한다. 병이 이미 생긴 뒤에 약을 쓰고 어지러움이 이미 생긴 뒤에 다스리는 것은, 비유하자면 목이 마른 뒤에 우물을 파고 전쟁이 벌어진 뒤에 무기를 만드는 것과 같으니, 이 또한 너무 늦은 것이 아니겠는가?

《황제내경 소문》, 〈사기조신대론(四氣調神大論)〉

　　聖人不治已病, 治未病. 不治已亂, 治未亂, 此之謂也. 夫病已成而後藥

　　之, 亂已成而後治之, 譬猶渴而穿井, 鬪而鑄錐, 不亦晩乎?

 한자 풀이

已病(이병) : 이미 병든 상태　　　　　　穿(천) : 땅을 뚫다

未病(미병) : 아직 병들지 않은 상태　　鑄(주) : 주조하다

渴(갈) : 목마르다　　　　　　　　　　錐(추) : 날카로운 무기

깊이 읽기

《황제내경》은 몸을 허약하게 만드는 원인으로 즐거움과 노여움 같은 정신 활동 이외에도 성관계, 음식 등을 꼽고 있다. 따라서 우리는 평소에 적절한 정신 활동, 절제된 성관계, 균형 잡힌 식생활을 통해서 신체를 건강하게 만들 수 있다. 《황제내경》이 '아직 발생하지 않은 병'을 다스린다고 이야기했던 이유도 바로 여기에 있다. 만약 우리가 충분히 건강하다면, 우연히 우리를 엄습할 가능성이 있는 외적인 기운들은 그다지 우리 신체에 악영향을 미치지 못할 것이다. 《황제내경》이 단순한 의술을 넘어서 '생명을 기르는 기술', 즉 '양생술(養生術)'이 될 수 있었던 것은 바로 이런 관점 때문이다. 철학사적으로 주목해야 할 것은 '이미 발생한 병'을 뜻하는 '이병(已病)'이라는 개념과 '아직 발생하지 않은 병'을 나타내는 '미병(未病)'이라는 개념의 구별이다. 이런 개념쌍은 사서오경(四書五經) 가운데 하나인 《중용(中庸)》이나 이 책을 숭상하던 성리학자들에게서도 그대로 반복된다. 성리학자들 역시 '이미 감정이 발생한 심리 상태'를 나타내는 '이발(已發)'이라는 개념과 '아직 감정이 발생하지 않은 심리 상태'를 나타내는 '미발(未發)'이라는 개념을 강조했기 때문이다.

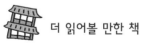 더 읽어볼 만한 책

가노우 요시미츠, 《몸으로 본 중국 사상》, 동의과학연구소 옮김(소나무, 1999)
한나라 당시의 자연관은 유기체적 자연관으로 정의될 수 있다. 이 자연관은 글자

그대로 유기체를 사유와 발견의 중요한 모델로 채택하고 있는데, 유기체적 자연관이 가장 효과적으로 적용될 수 있는 대상은 인간 신체다. 가노우 요시미츠라는 중국 철학 연구자의 이 책은 원제가 '중국의학의 탄생'이었지만 현 옮긴이들은 '몸으로 본 중국사상'이라고 번역했다. 이는 저자 스스로가 중국 사상을 통해 중국 '의학'을 보기보다는 중국 의학을 통해서 중국 '사상'을 보려 했기 때문이다. 어떤 사상도 경험을 떠나서는 의미가 없다. 그러나 이 책은 중국 사상의 전제와 특성에 대해 많은 경험적 통찰을 제공한다.

황제, 《황제내경》, 이창일 옮김(책세상, 2004)

《황제내경》은 동양 의학에서 가장 중시되는 고전으로, 우리나라에도 많은 종류의 번역서가 출간되어 있다. 그러나 가독성이 떨어져 한의학 전공자가 아닌 일반 독자가 읽기에는 어렵고 불친절한 듯하다. 옮긴이는 방대하고 복잡한 《황제내경》의 내용 중 중요하고 핵심적인 부분을 뽑고, 이것을 재구성하여 번역하고 있다. 따라서 이 책의 가장 큰 장점은 가독성이 높다는 데 있다. 가급적 쉬운 번역어를 선택하고 있다는 점도 빼놓을 수 없는 장점이다. 《황제내경》이 어떤 책이며, 무엇을 다루고 있는지, 나아가 동양 의학의 핵심이 무엇인지를 진단하고 있는 옮긴이의 친절한 해제도 이 책의 가치를 높여준다.

왕충 —
종교적인 사유에 반대하다

1. 논리적 판단과 구체적 경험이라는 두 마리 토끼를 잡다

<u>왕충</u>은 중국 철학사에서 가장 이단적이고 독창적인 사상가다. 왕충이 다른 사상가들과 다른 점은 그가 합리적인 논증을 구성하려는 이성주의적 정신을 가지고 있으면서도, 동시에 자신이나 다른 사람의 사상을 반드시 경험을 통해서 검증하려는 경험주의적 경향을 함께 가지고 있다는 점이다. 경험주의자로서 왕충은 당시의 자연과학적 성과를 비판적으로 흡수하면서, 이를 토대로 맹신적인 통념을 공격했다. 아쉽게도 이런 통렬한 비판 정신은 그로 하여금 관료 생활을 하는 데 항상 걸림돌이 되었다. 그래서인지 관료로서 그는 중앙 정계에 입성하지 못하고, 항상 지방의 외직에 머물렀다. 그러나 그는 나이가 들어서도 자신의 철학 정신을 굽히지 않았다.

왕충

왕충(王充, 27~100)은 한나라의 사상가다. 《후한서(後漢書)》 《왕충열전(王充列傳)》에 따르면 어렸을 때부터 매우 가난하여 책 한 권 살 수 없을 정도였다고 한다. 하지만 저잣거리에서 파는 책을 한 번 읽으면 바로 암송했을 정도로 기억력이 뛰어났다고 한다.

우발성은 두 가지 인과관계가 우연히 마주치는 현상을 가리킨다. 치통으로 치과에 가던 사람이 바람이 심하게 불어 건물에서 떨어진 돌에 맞는 경우를 예로 들 수 있다. 이가 아프기 때문에 치과에 간다는 하나의 인과관계가 바람 때문에 돌이 떨어지는 인과관계와 마주친 것이다.

철학사적으로 주목을 끄는 것은 그가 이미 국교로 승격된 동중서의 유교 사상을 치밀하게 공격하고 있다는 점이다. 왕충은 동중서 유교 사상의 핵심이 재이설에 응축되어 있다고 판단하고, 이 이론의 허구성을 폭로한다. 이 때문에 많은 사람들이 아직도 왕충의 철학을 종교적 관념에 대한 비판철학으로 이해하고 있다. 그렇지만 사실 왕충 철학이 중요한 이유는, 그가 중국 철학사에서 처음이자 마지막으로 '우발성〔偶〕'이라는 개념을 진지하게 숙고했다는 데 있다. 우발성에 대한 그의 사유는 모든 종교적이고 미신적인 사유 경향을 궁극적으로 척결하기 위한 이론적 토대로서 작동하고 있다. 그의 사유는 《논형(論衡)》이라는 방대한 책에 기록되어 전해지고 있다.

2. 동중서의 종교적 논의를 공격하다

회남자에게 하늘은 어떤 의지나 목적도 가지지 않는, 다시 말해 무위의 존재다. 이 경우 인간, 특히 군주는 이런 자연적인 하늘의 법칙을 존중하면서 정치를 수행해야 한다. 반면 동중서의 경우 하늘은 뚜렷한 의지나 목적을 가지고 세계를 지배하는 인격적 주재자, 즉 유위의 존재로 간주되었다. 따라서 군주는 일종의 제사장으로서 하늘의 의지에 따라서 정치를 수행해야 한다. 이 점에서 동중서의 사유 체계는 기본적으로 종교적인 체계라고 할 수 있다. 동중서의 재이설에 따르면 군주가 하늘의 의지에 반해 정치를 행할 경우, 하늘은 기이한 자연 현상을 통해 자신의 분노와 경고를 표출한다. 그러나 자연과학적 성과를 폭넓게 수용하면서 자신의 사유를 전개하는 왕충은 동중서의 이런 사상이 아무런 근거도 없는 미신적인 사유에 지나지 않는다고 주장한다.

> 이상 현상〔災〕과 사변〔異〕을 논하는 자들은 군주가 정치로 하늘을 움직이고 하늘이 기를 움직여 이에 응하기 때문에 이상 현상과 사변이 닥친다고 말한다. 그것은 마치 몽둥이로 북을 두드리고 징을 치는 것과 같다. 북은 하늘과 같고, 몽둥이는 정치와 같다. 북소리와 징소리는 하늘이 응답하는 것과 같다. 군주가 아래에서 정치를 하면 하늘의 기는 사람에 따라 이르게 된다는 것이다. 그렇지만 이것 또한 의심스럽다. 대체로 하늘이 개별자를 움직일 수는 있으나, 개별자

《논형(論衡)》은 헛되고 망령된 모든 미신의 허구를 폭로하기 위해 씌어진 것이다. 왕충이 모든 경조사에 참여하지 않고 집필에만 몰입했던 것으로 보아 그가 얼마나 투철한 비판철학자였는지 알 수 있다. 《후한서(後漢書)》에는 왕충이 85편으로 구성된 《논형》 이외에 16편으로 이루어진 《양성서(養性書)》를 일흔 살에 지었던 것으로 기록되어 있다. 그러나 아쉽게도 이 책은 전해오지 않는다.

가 하늘을 움직일 수 있겠는가?……인간이 하늘과 땅 사이
에 있는 것은 마치 벼룩이 옷 속에 있는 것과 같고, 개미가
굴속에 있는 것과 같다. 벼룩과 개미가 이리저리 날뛰지만
옷 속과 굴속의 기를 움직일 수 있겠는가? 벼룩과 개미는 그
렇게 할 수 없다. 그런데 인간만이 할 수 있다고 말하는 것
은 개별자와 기의 이치를 정확하게 알지 못하는 것이다.

《논형》, 〈변동(變動)〉

동중서에 대한 왕충의 비판은 단순하지만 매우 분명하다. 재이
설이 참이라면 군주의 정치적 행동이 매번 하늘을 움직
여야 한다. 왕충은 이런 전제에 대해 비판적인 자
세를 견지한다. 그는 하늘로 상징되는 자연
이 인간에게 영향을 줄 수 있을지는 모르
지만 인간이 자연에 영향을 줄 수는
없다고 주장한다. 예를 들어 홍수나
가뭄이 발생하면 인간은 이로 인해 많
은 피해를 입는다. 그러나 과연 인간
의 특정한 행동이 매번 거대한 자연
의 변화를 초래할 수 있는가? 동중서
의 재이설은 전체 세계에서 인간이라는
존재가 차지하는 비중을 과장함으로써
생긴 착각일 뿐이다. 다시 말해 재이
설은 단지 인간중심주의의 한 전형

에 지나지 않는다는 것이다.

왕충의 비판은 재이설에 국한되지 않는다. 하늘이 인격성을 지닌다는, 즉 하늘이 유위하다는 동중서의 주장을 전면적으로 공격한다.

> 어떻게 하늘이 '스스로 그러하다〔自然〕'는 것을 알 수 있는가? 그것은 하늘에는 입과 눈이 없기 때문이다. 살펴보자면 '무엇인가를 하려고 한다〔有爲〕'는 것은 입과 눈을 가진 부류다. 입은 먹으려고 하고 눈은 보려고 한다. 내면에 욕망이 있고 이것이 바깥으로 드러나서, 입과 눈이 그것을 구하려고 한다. 구하면 이익이 되기 때문에 그렇게 하려는 것이다. 지금 하늘은 입과 눈의 욕망이 없어서 다른 것을 구하거나 찾으려고 하지 않는데, 도대체 무엇을 한다는 말인가……하늘은 활동해서 개별자들을 낳으려고 하지 않는다. 그런데도 개별자들은 저절로 생겨난다. 이것이 바로 스스로 그러하다는 것이다. 기를 베푸는 것도 개별자들을 위해서 행동한 것이 아니다. 개별자들은 스스로 행동한다. 이것이 바로 '무엇인가를 하려고 하지 않는다〔無爲〕'는 것이다.
>
> 《논형》, 〈자연(自然)〉

동중서는 하늘을 기본적으로 인간과 같은 구조를 가진 것으로 사유했다. 그래서 〈왕도통삼〉편에서 그는 "군주의 좋아함, 미워함, 즐거움, 성냄은 곧 하늘의 봄, 여름, 가을, 겨울에 대응된다"고 했

다. 동중서에 따르면 자연계의 사계절 역시 하늘의 의지가 실현되는 양상의 하나라고 보아야 한다. 그러나 왕충은 의지와 욕망을 가지는 것은 감각기관이 있는 존재뿐이라고 지적한다. 인간에게 감각기관과 욕망이 있다는 것은 인간이 스스로 자신의 삶을 영위할 수 없다는 것을 말해준다. 또한 욕망이 있다는 것은 동시에 결핍되어 있다는 것을 의미한다. 결핍된 것은 스스로 채울 수 없기에 바깥에서 구해야 한다. 그런데 하늘은 감각기관이 없기에 욕망이나 의지를 가지고 있지 않으며, 따라서 무엇인가를 하려고 하지 않는다. 이 점에서 왕충은 하늘이 무위한 존재이며, 자기 충족적인 자연물일 뿐이라고 결론 내린다.

동중서에 대한 왕충의 비판에서 눈에 띄는 것은, 그가 의도적으로 《노자》에 등장하는 도가 철학의 개념을 이용하고 있다는 점이다. '무위'나 '유위'라는 개념도 그렇고 '자연'이라는 개념도 마찬가지다. 이 점에서 그는 기본적으로 회남자의 황로 사상에 직간접적으로 영향을 받고 있다고 할 수 있다. 그러나 그는 회남자의 황로 사상을 떠받치고 있던 유기체적 세계관에 대해서는 별다른 관심을 가지지 않는다. 그것은 그의 경험론적 세계관이 일종의 형이상학적 세계관이라고 할 수 있는 유기체적 세계관과는 양립할 수 없었기 때문이다.

3. 필연성을 거부하고 우발성을 사유하다

왕충의 사상은 미신적이고 종교적인 사유 일체를 공격하는 것을 목적으로 삼고 있다. 그러나 그는 단순히 종교적인 사유를 공격하는 데 그치지 않고, 이를 근본적으로 극복하기 위해서 자신만의 고유한 사유 체계를 구성함으로써 철학사에 큰 업적을 남긴다. 여기서 중요한 것은 그가 제안한 우(偶) 개념이다. 이 개념은 왕충 사유의 핵심을 잘 보여주고 있다. 우는 글자 그대로 '만나다' 혹은 '마주치다' 라는 뜻을 가지고 있다.

가령 만남과 마주침을 사유하는 데는 두 가지 방법이 있을 수 있다. 예를 들어 내가 친구를 만나러 산길을 가다가 호랑이를 만났다고 하자. 먼저 나와 호랑이의 만남을, 두 개체가 어떤 필연성도 없이 '우발적으로' 만난 것이라고 사유할 수 있다. 나는 친구를 만나러 가고 호랑이는 사냥을 끝내고 돌아가던 중에 나는 호랑이를, 그리고 호랑이는 나를 만난 것일 뿐이다. 이 경우 우리는 우발성이라는 개념을 사용할 수 있다. 이 개념은 두 가지 사건이 우연적으로 만난다는 것을 나타낸다. 다시 말해 어떤 다른 목적이나 필연성 없이 두 가지 사건이 만났을 때, 우리는 이런 사태를 우발적이라고 말할 수 있다.

한편 나와 호랑이의 만남이 겉으로는 우연적인 것처럼 보이지만, 이 안에 숨은 목적이나 필연성이 있다고 사유할 수도 있다. 예를 들어 나와 호랑이가 만난 것은 전생의 인연 때문일 수 있다고 생각할 수도 있다. 이때 우리는 필연성이라는 개념을 사용할 수 있

다. 이 개념은 겉으로는 우연적인 것처럼 보이는 만남에 모종의 질
서나 목적이 숨겨져 있다는 것을 나타낸다. 이제 왕충이 제안하는
우발성의 철학을 직접 살펴보자.

유학자들은 하늘과 땅이 '의도를 가지고(故)' 인간을 낳았
다고 하지만 이 말은 허황된 것이다. 대체로 하늘과 땅이 기
를 합할 때, 인간은 '우발적으로(偶)' 저절로 생겨난다. 그
것은 부부가 기를 합할 때 자녀가 저절로 생겨나는 것과 마
찬가지다. 이것은 부부가 기를 합하는 것은 당시에 자녀를
얻기 위해서가 아니라 정욕이 발동했기 때문이며, 합한 결

과 자녀를 낳는 것일 뿐이다. 부부가 의도를 가지고 자녀를 낳는 것이 아니라는 것으로, 하늘과 땅이 의도를 가지고 인간을 낳는 것이 아님을 알 수 있다……대체로 하늘이 의도를 가지고 인간을 낳을 수 없다면, 하늘이 만물을 낳은 것 역시 의도를 가지고 할 수는 없는 일이다. 하늘과 땅이 기를 합하면 만물은 우발적으로 저절로 생겨날 뿐이다.

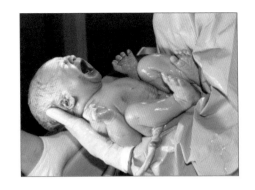

《논형》, 〈물세(物勢)〉

'의도나 목적을 가짐'을 의미하는 고(故)라는 개념과 '의도나 목적이 없는 우발성'을 의미하는 우라는 개념을 구분하는 것은 왕충의 논의를 이해하는 데 있어서 매우 중요하다. 왕충은 우리가 어떤 성스러운 목적이나 의도, 특히 하늘과 땅의 성스러운 계획에 의해 태어난 것이 아님을 분명히 지적하고 있다. 이 점을 논증하기 위해서 그는 인간의 탄생을 예로 든다. 남녀가 정욕이 발동하여 성행위를 할 경우, 아이는 저절로 생기는 결과일 뿐이다. 물론 이 경우 남자의 기와 여자의 기, 지금 용어로 말하면 남자의 정자와 여자의 난자가 만나야만 아이가 생길 수 있다.

이에 대해 부부가 아이를 갖기 위해서 의도적으로 성행위를 하고, 그 결과 필연적으로 아이가 태어나는 것이 아니냐고 반문할 수 있다. 왕충의 입장에 따르면 의도를 가지고 행하는 경우에는 그 의

도가 반드시 실현되어야 한다. 하지만 의도했는데도 아이를 낳지 못할 수 있고 전혀 의도하지 않았는데 갑작스럽게 아이를 갖게 될 수도 있다. 그렇다면 이것은 결국 의도가 있든 그렇지 않든 간에, 아이의 탄생이란 남녀의 기가 만나서 우연히 가능해진 사건이라는 점을 말해준다.

4. 사회에 우발성을 도입하다

왕충은 인간의 탄생에 의도가 개입하지 않는 것처럼, 전체 자연의 개별자의 발생에도 하늘과 땅의 의도나 계획이 개입하지 않는다고 보았다. 즉 그는 동중서의 목적론적 형이상학을 거부하고 우발성의 존재론을 새롭게 사유했던 것이다. 왕충이 중국 철학사에 커다란 공헌을 하게 된 이유는 바로 여기에 있다. 왕충은 우발성에 대한 자신의 통찰을 존재론에만 국한하지 않는다. 그는 인간과 자연의 관계에서뿐만 아니라, 인간과 사회의 관계에서도 우발성의

진리를 관철시키려고 했다. 다음 글은 그가 인간의 사회적이고 정치적인 삶에 어떻게 우발성이라는 개념을 적용하고 있는지를 잘 보여준다.

어떤 사람의 품성은 어질 수도 있고 어리석을 수도 있다. 그렇지만 그 사람이 화와 복을 만나는 것은 우발적인 문제일 뿐이다. 일을 시행할

때 옳을 수도 있고 그를 수도 있다. 그렇지만 상과 벌을 만
나는 것은 우발적인 문제일 뿐이다. 같은 시간에 적병을 만
났을 때 숨어 있던 자는 칼에 맞지 않고, 같은 날 서리를 맞
았을 때 몸을 가린 자는 해를 입지 않을 수 있다. 그렇지만
칼에 맞고 상해를 입었다고 해서 반드시 나쁘다고는 할 수
없고, 숨고 몸을 가리고 있었다고 해서 반드시 좋다고는 말
할 수 없다. 숨고 몸을 가리고 있던 경우나, 칼에 맞고 상해
를 입는 경우도 모두 우발적인 문제이기 때문이다. 함께 군
주에게 충성을 다했는데, 어떤 사람은 상을 받고 어떤 사람

은 벌을 받을 수도 있다. 함께 이득을 얻으려고 했는데, 어떤 사람은 신용을 얻고 어떤 사람은 의심을 받을 수도 있다. 그렇지만 상을 받고 신용을 얻었다고 해서 반드시 참되다고 할 수 없으며, 벌을 받고 의심을 받는다고 해서 반드시 거짓되다고 할 수 없다. 상을 받고 신용을 얻은 경우나, 벌을 받고 의심을 받은 경우 모두 우발적인 문제이기 때문이다.

《논형》, 〈행우(幸偶)〉

왕충은 사람이 선하고 악한 것과 화를 입거나 복을 받는 것 사이에는 어떤 필연성도 없다고 한다. 따라서 악한 사람에게 복이 올 수도 있고, 반대로 선한 사람에게 화가 닥칠 수도 있다. 일반적으로 군주에게 충성을 다한 신하에게는 그에 걸맞은 상이 내려져야 한다고 생각한다. 그러나 역사적으로 볼 때 충성을 다한 신하가 합당한 대우를 받기는커녕 어리석거나 잔인한 군주를 만나 죽임을 당하는 경우가 적지 않았다.

이런 역설적인 일이 벌어지는 이유는 신하가 군주를 제대로 '만나지' 못했기 때문이다. 신하는 스스로의 역량을 닦을 수 있지만 군주를 선택할 수는 없다. 여기서 우리는 자신의 정치적 식견을 펴지 못했던 왕충의 고독감을 문제 삼아서는 안 된다. 그의 통찰은 자신의 삶에 대한 회한에서 유래한 것이 아니라, 그가 우발성의 진리를 발견했기에 가능한 일이다. 충성스러운 신하가 자신을 알아주는 군주를 만나지 못할 수도 있다는 것은 세계에 우발적인 만남과 마주침이 편재함을 상징한다. 왕충은 만남은 필연적인 것이 아

니라 단지 우발적인 것, 하나의 우발적인 마주침에 불과한 것이라
고 이야기한다. 이처럼 왕충은 우발성이라는 주제를 당시 인간 사
회의 내부, 즉 인간과 인간의 관계도 적용함으로써 동양 철학 전통
에서 필연성의 허구를 폭로하는 독창적인 철학을 펼쳤다.

5. 무위를 강조하는 현학의 기초를 마련하다

왕충은 《논형》 서문에서 다음과 같이 이야기한다. "세상에 유행
하는 저서나 학설들을 만족스럽게 생각하지 않고, 아무도 없는 곳
에서 홀로 앉아 진실과 허망을 고찰하여 논하려고 했다." 진실과
허망, 즉 진리와 허구를 자신의 사유와 경험을 통해 구별해내기 위
해서, 왕충은 평생 동안 치열한 사유를 거듭했다. 그가 허구라고
생각했던 것은 동중서로 대표되는 모든 종교적이고 미신적인 사
유 경향이다. 왕충의 비판에도 동중서의 영향력은 현실적으로는
그다지 줄지 않았지만, 철학적으로는 회복 불가능한 타격을 입게
된다. 특히 중요한 것은 하늘이 유위하다는

왕충의 묘

동중서의 입장을 비판하고, 하늘은 무위하
다는 점을 다시 천명하고 있다는 점이다. 철
학사적으로 살펴본다면, 왕충의 철학은 회
남자에 의해 제기되었던 무위 이념을 창조
적으로 다시 회복한 것이라고 할 수 있다.
왕충은 동중서의 철학이 기본적으로 의도

나 목적을 의미하는 '고'라는 개념 위에 성립되어 있다는 점을 발견했다. 동중서의 철학을 극복하기 위해서 왕충은 어떤 의도나 목적이 없음을 의미하는 '우'라는 개념을 제안한다. 흥미로운 것은 '우'라는 개념을 중시하는 왕충의 사유가 현대 서양 철학의 흐름에서 그대로 반복되고 있다는 점이다. 현대 서양의 포스트모더니즘은 헤겔G. W. F. Hegel이 제안한 목적론적 사유, 모든 것에는 주어진 목적이 존재한다는 생각을 비판하면서 출발했다. 포스트모더니즘은 그 대안으로 우발성을 강조하는 사유 경향을 제안했는데, 그 철학적 취지는 왕충의 '우'라는 개념과 거의 유사하다.

그뿐 아니라 왕충의 철학은 그의 사후 왕필로 대표되는 현학의 사유 경향이 번성할 수 있는 기반을 마련해주었다는 점에서도 매우 중요한 의미를 갖고 있다. 의지와 목적을 가진 하늘 개념에 입각해 있는 동중서의 종교적 사유를 성공적으로 해체함으로써, 그는 종교성을 탈피한 새로운 사유 체계가 발생할 수 있는 분위기를 제공한 것이다. 여기서 왕충의 비판철학이 노자 철학의 개념과 논리들을 적절히 이용함으로써, 노자에 대한 새로운 관심을 유발시켰던 점도 간과할 수 없을 것이다. 이 점에서 왕충의 철학은 동중서의 철학으로부터 왕필의 철학으로 넘어가는 과도기의 비판철학이라고 자리매김할 수 있다.

왕충이 들려주는 이야기

세상 사람들은 사람이 죽으면 귀신이 되는데, 귀신은 지각을 가지고 있기 때문에 사람들을 해칠 수 있다고 말한다. 개별자라는 범주로써 시험 삼아 살펴보면, 죽은 사람은 귀신이 되지 않고 또한 지각도 없어서 사람을 해칠 수 없다. 어떤 것으로 이 점을 증명할 수 있는가? 개별자라는 종류로 그것을 증명할 수 있다. 사람도 개별자이고 동물 또한 개별자다. 동물은 죽어서 귀신이 되지 않는데, 무슨 이유로 사람만이 죽어서 귀신이 될 수 있다는 것인가?

《논형》, 〈정사(訂死)〉

世謂人死爲鬼, 有知, 能害人. 試以物類驗之, 死人不爲鬼, 無知, 不能害人. 何以驗之? 驗之以物. 人, 物也, 物, 亦物也. 物死不爲鬼, 人死何故獨能爲鬼?

 한자 풀이

知(지) : 감각적 지각

類(류) : 부류, 종류, 범주

驗(험) : 증명하다, 검증하다

깊이 읽기

왕충은 미신적이고 종교적인 담론을 공격하는 데 힘을 쏟았다. 그가 미신이라고 본 것은 크게 두 가지다. 하나는 동중서가 주장했던 것으로 하늘과 인간이 서로 감응한다는 주장이고, 다른 하나는 사람이 죽으면 귀신이 되어 살아 있는 사람을 해칠 수 있다는 주장이다. 이 글은 왕충이 귀신이 존재하지 않는다는 점을 논증하고 있는 부분이다. 독특한 점은 왕충이 자신의 주장을 정당화하기 위해 경험에 입각한 논증을 구성하고 있다는 점이다. 사람이나 동물은 모두 개별자의 부류에 속한다. 따라서 동물이 귀신이 되지 않는다면 사람도 귀신이 될 수 없다. 이러한 그의 논증을 공박하려는 사람은 사람이 개별자에 속하지 않는다는 점을 먼저 증명해야 하는데, 사실 이것은 불가능하다. 여기서 중요한 것은 왕충이 자신의 신념이나 사회의 통념을 어떤 근거를 가지고 '증명하려고〔驗〕' 노력했다는 점이다.

더 읽어볼 만한 책

왕충, 《논형》, 이주행 옮김(소나무, 1996)

왕충의 주저 《논형》에 대한 국내 유일의 번역서로 상당한 분량으로 구성되어 있다. 아쉬운 것은 이 번역서가 《논형》 전체를 모두 번역하고 있지 않다는 점이다. 이 책은 단지 41편만을 번역하고 있는데, 사실 《논형》은 85편으로 구성된 방대한 책이다. 하루 속히 전체가 번역될 날이 오기를 기다려야겠지만, 그때까지는 이 번역서에 의존할 수밖에 없다.

임옥균, 《왕충—한대 유학을 비판한 철학자》(성균관대학교출판부, 2005)
왕충은 늘 새로운 관점을 제시했으며, 공자를 비판할 정도로 치열했던 사상가로 유명하다. 이 책은 날카로운 비판 정신으로 평생을 저항하며 살았던 왕충의 사상을 본격적으로 다룬 연구서다. 저자는 제1부에서는 시대적 배경과 왕충의 생애를, 제2부에서는 그의 사상을 본격적으로 다루고 있다. 제3부에서는 《논형》의 원문을 일부 번역해 소개하고 있다. 저자는 왕충이 사람의 도를 하늘의 도에 철저히 종속시킴으로써 우주에서의 인간의 능동적 역할을 과소평가했다고 보고 이 점을 비판적으로 다룬다. 그러나 아쉽게도 이런 평가는 왕충의 비판 정신이 가진 탁월한 힘을 오히려 희석시키고 있다.

왕필—뿌리와 가지의 구조로 세계를 사유하다

제5장

1. 왕필, 유가와 도가를 종합한 천재

　왕필은 중국 철학사에서 손꼽힐 만한 천재다. 위나라의 실권자였던 하안(何晏)과 정치적 운명을 같이하던 왕필은 249년 사마의(司馬懿)의 정변으로 하안이 죽고 실각하자, 같은 해에 병으로 사망했다. 왕필은 26세라는 젊은 나이에 죽었음에도 10여 권에 달하는 저서를 남겼을 뿐만 아니라, 그 저서들에 담겨 있는 일관된 사유로도 유명하다. 왕필의 천재성은 그가 중국 철학사에 있어 가장 난해하다고 알려진 두 권의 책《노자》와《주역(周易)》에 대해 가장 간명하고 정합적인 주석을 달았다는 데서 두드러진다. 그의 주저라고 할 수 있는《노자주(老子注)》는 그의 나이 18세 때 완성했고 《주역주(周易注)》는 22세에서 24세 사이에 완성했다고 전해진다.

　또한 왕필은 위나라와 진(晉)나라 때 유행하던 학문 경향인 현

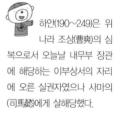

왕필(王弼, 226~249)은 하후현(夏侯玄), 하안(何晏)과 함께 현학(玄學)을 창도한 삼국시대 위나라의 철학자다.

하안(190~249)은 위나라 조상(曹爽)의 심복으로서 오늘날 내무부 장관에 해당하는 이부상서의 자리에 오른 실권자였으나 사마의(司馬懿)에게 살해당했다.

사마의

학의 대표자다. 현학이란 간단히 말해 '형이상학적 학문'으로 이해할 수 있다. 위진시대 사람들은 《노자》, 《장자(莊子)》, 《주역》에 형이상학적인〔玄〕비밀이 담겨 있다고 생각해 매우 중시했다. 사실 현학이라는 말은 이 세 권의 책을 '삼현(三玄)'이라고 부르던 데서 유래한다. 그런데 《노자》와 《장자》는 도가 사유를 대표하는 경전이지만 《주역》은 유가 사유를 대표하는 경전이다. 여기서 우리는 현학의 근본적인 모토가 유가의 사유와 도가의 사유를 종합하려는 데 있었음을 간접적으로 확인할 수 있다. 당시의 개념으로 다시 표현하자면, 명교(名敎)와 자연의 조화가 그들의 당면 과제였던 셈이다. 여기서 명교는 유교 이념을 가리키고, 자연은 도가 사상의 핵심 범주를 의미한다. 왕필은 명교를 가지에 비유하고 자연을 그 뿌리에 비유하면서, 성공적으로 두 가지 사유 전통을 종합하고 있다.

명교(名敎)라는 말은 글자 그대로 '명(名)에 대한 가르침'을 뜻한다. 여기서 '명'은 유학의 신분질서를 가리킨다. 이 점에서 볼 때 현학에서 명(名)이라는 개념은 '군주, 신하, 아버지, 자식'이라는 이름을 바로잡아야 한다는 공자의 정명(正名)에서 유래한 것이라고 할 수 있다.

남조 송나라(420~479) 무제(武帝) 때 유의경(劉義慶, 403~444)이 편찬했던 《세설신어(世說新語)》는 중국 후한에서 동진(東晉)시대에 걸쳐 사대부의 일화를 기록한 책으로서, 전체 1,000여 항목 36편으로 구성되어 있다. 동진과 관련된 기록이 대부분이기 때문에 왕필을 포함한 현학 이론가들의 생애와 사상을 살펴볼 수 있는 좋은 참고문헌이다.

2. 노자보다 공자를 더 높이 평가하다

《노자》는 분량은 적지만 난해한 것으로 정평이 나 있다. 이에 대해 왕필은 가장 체계적인 해석을 남겼다. 그래서 흔히 왕필은 노자 철학을 계승한 철학자로 기억된다. 그러나 《세설신어(世說新語)》를 보면, 이런 통념과는 전혀 다른 왕필의 이미지를 발견하게 된다. 왕필은 도가 철학의 창시자로 존중받는 노자보다 유학의 창시자인 공자를 더 높이 평가하고 있다. 여기서 《세설신어》에 등장하는 문제의 대목을 읽어보도록 하자.

왕필에게 물었다. "대개 없음이란 것은 진실로 모든 개별자
들이 의지하고 있는 근거라고 할 수 있다. 그러나 공자는 없
음을 말하려고 하지 않았고 노자는 끝없이 없음에 대한 자
신의 논의를 전개하는데, 그것은 어떤 이유에서인가?"
왕필이 대답했다. "공자는 없음을 체득하고 있었다. 그렇지
만 없음은 말로 가르칠 수 없는 것이어서, 반드시 있음에 대
해 언급했던 것이다. 반면 노자나 장자는 있음의 영역에서
벗어나지 못했기 때문에, 항상 자신들이 부족하다고 생각했

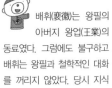

배휘(裵徽)는 왕필의 아버지 왕업(王業)의 동료였다. 그럼에도 불구하고 배휘는 왕필과 철학적인 대화를 꺼리지 않았다. 당시 지식인들에게 왕필이 어떤 인물로 평가되었는지를 잘 보여주는 대목이라고 할 수 있다.

던 없음의 영역에 대해 이야기했던 것이다."

《세설신어》, 〈문학(文學)〉

왕필에게 질문한 사람은 <u>배휘</u>(裵徽)라고 알려져 있다. 배휘는 공자는 없음에 대해 말하려고 하지 않은 데 반해, 노자는 왜 그렇게도 자주 없음에 대한 이론을 피력하는지 묻는다. 이에 대해 왕필은 노자가 공자보다 철학적 수준이 떨어졌기 때문이라고 간단히 대답한다. 배휘와 왕필의 대화에서 등장하는 없음과 있음이라는 개념은 왕필 시대에는 매우 핵심적인 철학 개념이었다.

가령 없음을 산의 정상에 비유한다면, 있음은 그 산에 오르는 다양한 등산로에 비유될 수 있다. 산의 정상에 오르면 우리는 모든 등산로를 함께 조망할 수 있다. 정상에서는 어느 길이 빠른지 혹은 어느 길은 느리지만 편안한 길인지를 알 수 있다. 반면 어떤 등산로를 따라 산으로 올라가는 사람이 알고 있는 것은 단지 자신이 걷고 있는 등산로뿐이다. 이 사람은 한 번도 산 정상에 올라본 적이 없으므로 자신이 걷고 있는 등산로가 정상까지 이르는지조차 확신할 수 없다.

왕필에 따르면 공자는 산 정상에 오른 사람이고, 노자는 산 정상에 오르려 하는 사람이다. 산 정상에 이미 오른 공자는 다양한 등산로를 모두 조망하고 있다. 그래서 정상〔없음〕의 경치에 대해 거창하게 떠들기보다는 다양한 등산로에 대해 구체적으로 이야기한 것이다. 어차피 산 정상에 오르지 못한 사람에게 그곳의 경치를 이야기해준다는 것은 아무 의미 없기 때문이다. 반면 등산로를 따라

공자

노자

걸으며 정상〔없음〕에 이르려고 노력하는 노자는 계속 정상에 대해
이야기하고 있다. 사실 정상에 대해 가장 많이 생각하고 이야기하
는 사람은 정상에 있는 사람이 아니라 그곳을 동경하며 오르려는
사람이다.

　왕필의 논의가 옳다면 우리는 왕필의 사유 체계를 이해하기 위
해 《노자》가 아닌 《논어(論語)》에 대한 그의 주석을 먼저 읽어보아
야 한다. 사실 왕필은 《논어》에 대한 주석서인 《논어석의(論語釋
疑)》를 썼다. 그러나 아쉽게도 지금 이 책은 일부분만 남아 있을
뿐이다. 왕필의 사유 체계를 이해하기 위해 우리가 의존할 수 있는

자료는 《노자주》뿐이지만 왕필이 노자보다 공자를 더 높이 평가했다는 점을 경시해서는 안 될 것이다.

3. 뿌리와 가지의 형이상학

《노자》를 이해하는 왕필의 사유 체계는 아주 간단한 비유로 설명될 수 있다. 그것은 바로 본말(本末)의 비유다. 본말은 뿌리를 가리키는 '본(本)'과 가지를 상징하는 '말(末)'로 구성되어 있다. 사실 뿌리와 가지의 비유 자체는 왕필이 제안한 것이다. 우선 그의 말을 들어보자.

> 사실상 한자 본(本)과 말(末)은 모두 나무를 뜻하는 목(木)자에서 유래한 것이다. 땅 속에 가려져 있는 부분, 즉 뿌리 부분을 표시하기 위해 木자 아랫부분에 선을 그어서 만든 글자가 本이다. 반면 땅 위에 노출되어 있는 가지 부분을 표시하기 위해서 木자 윗부분에 선을 그어서 만든 것이 글자가 末이다.

> 뿌리는 무위에 있고 어미는 무명(無名)에 있다. 뿌리를 버리고 어미를 팽개치고 그 자식들에게로 나아가면, 공이 비록 크다 할지라도 반드시 이루지 못함이 있을 것이고, 명성이 아름답다 할지라도 반드시 거짓이 생기게 될 것이다.
>
> 《노자주》 제38장

> 모든 개별자들과 모든 형체들은 하나〔一〕로 돌아간다. 무엇으로 말미암아 하나를 이루는가? 없음에 말미암은 것이다.
>
> 《노자주》 제42장

왕필은 노자의 철학 체계를 뿌리와 가지로 이루어진 나무로 이해하고 있다. 뿌리가 감각적으로 확인되지 않는다는 점에서 없음의 영역을 나타낸다면, 가지는 드러난다는 점에서 있음의 영역을 상징한다. 또한 뿌리가 통일된 일자(一者)를 상징한다면, 가지는 다양하게 나뉜 다자(多者)를 상징한다. 나아가 뿌리에서 모든 가지가 생겨나고 삶을 유지할 수 있게 된다는 점에서 뿌리는 어미에, 가지는 자식에 비유한다. 왕필이 나무와 뿌리의 이미지를 통해서 생각했던 논의를 간단히 정리해보면 다음과 같다.

왕필의 이해에 따른 노자의 사유 체계

나무 이미지	유무 관계	일다 관계	생성 관계
뿌리	무	일자	어미
가지	유	다자	자식

왕필의 천재성이 빛나는 이유는 그가 이런 단순한 나무 이미지로 매우 난해해 보이는 《노자》의 전체 체계를 모순 없이 해석해냈기 때문이다. 그래서 그는 다음과 같이 확신에 찬 선언을 할 수 있었다.

《노자》라는 책은 아마 한마디의 말로 포괄할 수 있을 것이다. 아! 뿌리를 높이고 가지들을 종식시키는 것뿐이다!

《노자지략(老子指略)》

극단적으로 비유하자면 잡초를 완전히 없애기 위해서는 잎사귀만 없어서는 안 된다. 뿌리는 땅 속에 숨겨져 있어서 눈에 보이지 않지만 그것을 뽑아야만 잡초를 완전히 없앨 수 있다. 이처럼 뿌리는 가지에 비해 근본적으로 더 중요하다. 왕필은 다양한 사물과 사건으로 구성된 전체 세계의 밑바닥에 하나의 근본적인 뿌리가 있다고 생각했다. 그리고 이 뿌리가 다양한 사물과 사건을 낳은 근본이자 그것을 유지시켜주는 원리라고 사유했다. 따라서 만약 뿌리에 이를 수 있다면 우리는 전체 세계의 모든 변화와 운동을 완전히

장악할 수 있게 될 것이다. "뿌리를 높이고 가지들을 종식시"켜야 한다는 말은 다양한 사물과 사건에 매몰되지 않고서 세계의 뿌리를 찾으려고 노력해야 함을 의미한다. 결국 왕필이 이해한《노자》는 뿌리를 찾아가기 위해서는 가지들에 현혹되어서는 안 된다는 점을 가르쳐주고 있다.

왕필이 주석한《왕주노자도덕경(王注老子道德經)》

4. 뿌리로 돌아가는 것은 가지를 번성시키기 위해서다

왕필의 뿌리와 가지의 이미지에 따르면 가지는 그 자체로는 존재할 수 없다. 가지는 뿌리가 있기 때문에 가지로서의 삶을 영위할 수 있다. 또한 왕필에 따르면 개체와 개체는 서로 직접 만날 수 없다. 가지와 가지가 공통된 뿌리를 매개로 해서 만나는 것처럼, 개체와 개체 역시 세계의 본질을 매개로 해서 간접적으로만 만날 수 있다. 그러나 사실 하나의 가지는 다른 가지와 이미 연결되어 있다고 말할 수 있다. 왜냐하면 가지들은 동일한 뿌리에 지탱해 삶을 유지하기 때문이다.

가지가 잘 성장하기 위해서는 반드시 뿌리와 연결되어 양분과 수분을 공급받아야 하는 것처럼 인간 역시 자신의 내면에 존재하는 세계의 뿌리를 찾아 그것과의 관계를 회복해야만 한다. 오직 이렇게 해야만 가지로서의 자신의 삶을 제대로 영위할 수 있다. 왕필은 다음과 같이 주장하고 있다.

천하의 모든 개별자들은 모두 있음을 삶이라고 생각한다. 그렇지만 있음이 시작되기 위해서는 없음을 뿌리로 생각해야 하니, 장차 있음을 온전하게 유지하고 싶다면 반드시 없음으로 돌아가야 한다.

《노자주》 제40장

천하의 모든 개체가 하나의 공통된 뿌리를 가지고 있다는 왕필의 발상은 《노자주》에서 계속 반복된다. 그런데 우리가 주목해야할 것은 왕필의 형이상학 체계 역시 결국 군주제와 모종의 연관성을 가지고 있다는 점이다. 사실 이것은 그의 뿌리와 가지 이미지가 일자와 다자를 함축하는 논리였다는 점에서 이미 예견된 것이라고 할 수 있다. 군주제란 한 사람의 최고 통치자가 다수의 민중을 다스리는 제도이기 때문이다.

대개 많음으로는 많음을 다스릴 수 없으니, 많음을 다스릴 수 있는 것은 절대적으로 적은 것이다. 대개 움직임은 움직임을 통제할 수 없으니, 천하의 모든 움직임을 통제할 수 있는 것은 저 하나[一]를 체득하고 있는 자다. 그러므로 많음이 모두 함께 존재할 수 있기 위해서는 군주가 반드시 하나를 달성해야만 한다.

《주역약례(周易略例)》

왕필의 이 논의는 군주를 위한 정치 형이상학을 피력하고 있는 것처럼 보인다. 그러나 자세히 살펴보면 참다운 군주는 자신을 포함한 모든 인간의 공통된 뿌리인 하나를 장악해야 하는 존재로 그려진다. 즉 이 주장은 군주의 자의적인 정치 행위를 제약하고 있다. 사실 현실 세계에서 대부분의 군주들은 보통 사람들처럼 탐욕스럽고 이기적이다. 그들은 부와 명예를 누리기 위해서 정치권력을 장악하려고 하는 것이지, 왕필이 제안한 것처럼 모든 백성들의 삶과 복리를 위해서 정치권력을 유지하는 것이 아니다. 그러나 세계의 본질을 장악하게 된다면 군주는 탐욕스러운 일반 백성들처럼 지엽적인 것으로 인해 경쟁하고 대립하는 존재가 아니라, 모든 백성의 삶과 복리를 위해 애쓰는 어머니 같은 존재로 변모해야 한다. 회남자와 동중서가 그랬던 것처럼 왕필의 논리도 표면적으로는 군주의 절대권을 긍정하는 것처럼 보이지만, 사실 군주의 절대권을 제약하고 있었던 셈이다.

앞서 인용했던 '뿌리를 높이고 가지들을 종식시켜야 한다'는 왕필의 주장도 같은 맥락에서 이해할 수 있다. 이는 표면적으로 뿌리의 자리에 있는 군주의 위상을 절대화하고, 백성들의 위상을 격하시키는 논의처럼 보일 수 있다. 그러나 왕필이 의도한 것은 군주가 일반 백성들처럼 사사로운 욕심을 가져서는 안 된다는 점이다. 다시 말해 군주는 가지 즉 일반 백성들처럼 행동해서는 안 된다는 것이다. 그렇다면 결국 왕필의 정치 철학은 군주를 위해서라기보다는 오히려 군주의 자의적인 권력 행사를 막기 위해서 제안된 것이라고 보아야 할 것이다. 이 점에서 다음의 글은 왕필의 속내를 가장 분명하게 드러내준다.

어미를 지켜서 자식을 보존하고 뿌리를 높여서 가지들을 들
어 올리면, 드러난 공과 아름다운 명성이 함께 있어도 사특
함이 생기지 않을 것이다.

《노자주》 제38장

왕필은 자식과 가지가 잘 자라게 하기 위해, 치열한 자기 수행으
로 어떤 사사로움도 가지지 않게 된 형이상학적 군주의 이미지를
요구했다. 뿌리는 어두운 땅 속에 숨어서 묵묵히 모든 가지가 잘
자라게 해주는 존재다. 어쩌면 바로 이 점이 그가 노자보다 공자를

더 높이 평가한 이유일지도 모른다. 왕필의 해석이 옳다면, 노자는 뿌리를 추구하는 진정한 이유를 알지 못하면서 뿌리를 찾으려는 사상가였던 반면, 공자는 이미 뿌리를 찾고 나아가 가지들의 세계를 긍정하기 위해서 노력했던 사상가였다고 할 수 있다.

5. 중국 형이상학의 원형

중국 철학사에서 왕필은 위나라와 진나라 때 번성한 현학의 사유 경향을 대표하는 철학자다. 이것은 왕필이 《노자》와 《주역》이라는 중국 철학사에서 가장 난해하다는 경전들을 체계적으로 이해한 사상가이기 때문이다. 이것은 그가 도가 철학과 유가 철학을 종합하려고 했다는 점을 말해준다. 왕필이 마련한 종합의 논리는 전체 세계를 뿌리와 가지로 이루어진 거대한 나무로 이해하는 데 있다. 이 이미지를 통해서 왕필은 도가 철학을 뿌리로, 유가 철학을 가지에 비유하며, 두 철학 전통을 종합하게 된다. 흥미로운 것은 왕필의 사유를 결정하는 나무의 이미지는 이후 중국적 형이상학의 원형으로 자리 잡는다는 점이다. 그래서 그런지 그의 형이상학 구조는 이후 중국 철학사에서 다양하게 변주되면서 반복적으로 등장한다.

중국 철학사에 가장 체계적이면서 영향력이 큰 형이상학적 사유로는 화엄 사상과 성리학을 들 수 있다. 먼저 왕필의 본말 도식은 이후 법장(法藏)의 화엄 사상, 다시 말해 '일즉다 다즉일(一卽多多

即一)' 이라는 불교 구호에서 확인할 수 있다. 화엄 사상에 따르면 현상 세계의 모든 것은 하나의 본질로 통일되고, 반대로 하나의 본질은 현상 세계의 모든 것을 산출해낸다. 또한 왕필의 본말 도식은 성리학의 '이일분수(理一分殊)' 라는 형이상학적 체계에서 확인해볼 수 있다. 성리학에 따르면 태극이라는 하나의 근원이 모든 것을 산출하지만 그 모든 것 속에는 세계의 본질로서의 태극이 내재되어 있다. 결론적으로 화엄 사상이든 성리학이든 모두 왕필의 나무 이미지, 즉 뿌리로 상징되는 '하나' 와 가지로 상징되는 '현상 세계' 라는 도식을 반복하는 것에 불과하다.

이일분수(理一分殊)란 '이치는 하나이지만 다양하게 드러난다' 는 의미다. 이 철학적 주장은 월인천강(月印千江)이라는 비유로 설명되기도 한다. 다시 말해 하늘에 달은 하나이지만 달빛은 천 개의 강을 비춘다는 것이다.

왕필이 들려주는 이야기

인의는 어미가 낳은 것이니 어미라고 생각해서는 안 된다. 물건은 장인이 만든 것이니 장인이라고 생각해서는 안 된다. 그 어미를 버리고 자식을 사용하거나 그 뿌리를 버리고 가지에 나아가면, 명성이 있으면 구분이 있을 것이고, 공적이 있으면 한계가 있을 것이다.

《노자주》 제38장

仁義, 母之所生, 非可以爲母. 形器, 匠之所成, 非可以爲匠也. 捨其母而用其

子, 棄其本而適其末, 名則有所分, 形則有所止.

 한자 풀이

以爲(이위) : ~라고 생각하다

捨(사) : 버리다

適(적) : ~에 나아가다

 깊이 읽기

왕필은 자신의 형이상학을 뿌리와 가지라는 나무 이미지로 사유했다. 여기서 뿌리
는 노자의 사상을, 가지는 유학 사상을 의미한다. 뿌리가 없다면 가지는 존재할 수
없지만, 가지가 시들어도 뿌리는 존재할 수 있다. 가지나 전체 나무를 잘 키우기 위
해서는 가지가 아닌 뿌리를 잘 길러야 한다. 이것은 그가 유학 이념을 결코 부정하
지 않았다는 것을 보여준다. 결국 왕필이 뿌리에 주목하고 그것을 잘 길러야 한다
고 주장한 이유는, 가지를 잘 키우기 위해서이기 때문이다. 다시 말해 왕필이 유학
이념의 뿌리 또는 어머니를 발견하기 위해 노력했던 것은, 그 뿌리나 어머니를 북
돋워줌으로써 현실적인 유학 이념에 다시 생기를 불어넣으려는 것이었다. 많은 사
람들은 이 점을 쉽게 간과한다. 왕필의 최종적인 지향이 유학 이념에 있었다는 점
을 잊지 않아야만, 우리는 난해하다고 정평이 나 있는 그의 사유에 한걸음 다가설
수 있다.

더 읽어볼 만한 책

왕필, 《왕필의 노자》, 임채우 옮김(예문서원, 1997)

이 책은 왕필의 주저 중 하나인 《노자주》를 번역한 것이다. 옮긴이는 왕필의 《주역
주》를 연구해서 박사 학위를 받은 왕필 전문 연구자로서, 왕필에 대한 정확한 이해
를 기반으로 난해하다고 소문난 왕필의 《노자주》를 쉽게 번역했다. 특히 이 책에는
왕필과 관련된 많은 귀중한 정보뿐 아니라, 왕필에 대한 옮긴이의 이해를 반영하고
있는 전문적 논문도 수록되어 있어 관심 있는 독자들에게 많은 도움을 줄 것이다.

정세근 엮음, 《위진 현학》(예문서원, 2001)

왕필이 살았던 위진시대의 대표적인 사상적 흐름은 현학이라는 사유 전통이 이끌
어가고 있었다. 이 책은 현학자로 분류되는 여섯 명의 대표적인 사상가에 대한 연
구 논문을 모아 엮은 것이다. 이 책을 통해 독자들은 현학의 철학적 문제의식, 그리
고 왕필이 현학 사유 전통에서 차지하고 있는 위상을 명확히 이해할 수 있을 것이
다. 그러나 전문가에 의해 씌어진 논문을 모은 것이라 일반 독자들이 읽기에는 조
금 어려운 감이 있다.

길장—
중관불교를 이해하다

제6장

1. 삼론종을 세우다

길장은 중앙아시아의 파르티아 왕국, 즉 안식국(安息國) 출신의
아버지와 중국인 어머니 사이에서 태어났다. 어려서부터 총명했
던 그는 일곱 살에 불교에 입문해 많은 저작을 남겼으며, 삼론종을
완성한 사람으로 유명하다. 길장 이전에 중국 불교는 격의불교라
는 애매한 과도기를 거쳤다. 산스크리트로 기록된 불교의 이론을
이해하기 위해 현학에서 사용하는 개념을 이용한 것이 바로 격의불
교다. 사실 격의불교는 인도에서 발생한 불교를 이해하는 과정에서
불가피하게 출현할 수밖에 없었다고 볼 수 있지만, 격의불교로는
불교 사상의 정수가 중국에 제대로 전달되기 어려울 수밖에 없었
다. 길장은 격의불교라는 과도기적 상태를 근본적으로 극복하고 불
교를 체계적으로 이해하는 데 첫걸음을 뗀 사람이다.

길장(吉藏, 593~623)
은 남북조시대의 승
려로 사회적 혼란과 전란 속
에서 많은 저서를 남겼다. 설
법과 저술로 이름이 높았던
그는 수나라 양제(煬帝)의 초
청을 받아 수도인 장안에서
강론하기도 했다.

나가르주나(100~
200)는 중관불교를
창시한 사람으로서 부처의 무
아 이론을 공(空)이라는 개념
으로 발전시켰다.

아리야데바Ārya-
deva(提婆, 170~
270)는 나가르주나의 제자로
불교를 논리적으로 공박하려
고 했던 다른 종교 사상들
과 치열한 논쟁을 벌인 것으
로 유명하다.

길장이 완성한 삼론종은 삼론(三論)이라는 중관불교의 세 가지
논서를 특히 중시하는 종파다. 나가르주나가 공(空, Śūnyatā)의
진리를 설명한《중론(中論)》, 이것을 더욱 친절하고 알기 쉽게 설
명한《십이문론(十二門論)》, 그리고 나가르주나의 제자 아리야데
바 Āryadeva(提婆)가 지은 《백론(百論)》이 바로 삼론이다. 사실
이 삼론은 쿠마라지바 Kumārajīva(鳩摩羅什)와 그의 중국인 제자
들에 의해 이미 번역되었다. 그러나 이 세 논서를 하나의 체계로
묶어서 이해한 것은 길장이 처음이다.

길장은 불교의 핵심이 나가르주나의 공 개념과 진제(眞諦)와 속
제(俗諦)의 논의에 있다는 사실을 간파했다. 여기서 그에게 특히

중요했던 것은 진제와 속제에 관한 이론, 즉 이제설(二諦說)이다. 이제설을 중심으로 길장은 마침내 삼론종을 완성했다. 길장의 여러 저작 중 가장 중요한 것으로는 《삼론현의(三論玄義)》와 《이제의(二諦義)》를 들 수 있다. 전자는 중관불교의 세 가지 논서에 대한 길장의 체계적 이해를 보여주며, 후자는 그가 중관불교의 핵심이라고 생각했던 진제와 속제에 대한 논의를 싣고 있다.

2. 나가르주나, 이론화된 불교를 비판하다

우리말 '나'에 해당하는 '아(我, ātman)' 개념은 불교에서는 변화를 넘어서는 자아의 동일성을 의미한다. 그런데 고타마 싯다르타Gautama Siddhārtha는 자신이나 타자가 모두 불변하는 동일성을 갖고 있다고 보는 오해에 의해 인간의 고통이 생겨난다고 보았다. 예를 들어 내가 아픈 것이 고통스러운 이유는 아프지 않은 나를 생각했기 때문이고, 애인의 죽음에 괴로워하는 것은 그 애인이 영원히 떠나지 않으리라고 생각했기 때문이라는 것이다. 따라서 싯다르타는 고통에서 벗어나는 치료법으로 '무아(無我, anātma)' 또는 '공'이라는 가르침을 주장한다. 이처럼 불교는 나라는 현상적 실재에 집착하는 일상인의 마음을 깨뜨리고자 한다.

사실 자아를 구성하는 다섯 가지 요소에 대한 싯다르타의 설명인 '오온(五蘊) 이론'도 이 '무아 이론'으로 귀결된다. 오온 이론에 따르면 자아는 육체(色蘊), 감각 작용(受蘊), 표상 작용(想蘊),

쿠마라지바Kumā-rajīva(鳩摩羅什, 344~413)는 쿠차인 어머니와 인도인 아버지 사이에서 태어났다. 그는 중국에 들어와 많은 불교경전들, 특히 중관불교 계열의 경전들을 번역하는데, 이를 통해서 중국은 격의불교의 단계를 넘어서게 된다.

진제(眞諦)와 속제(俗諦)라고 할 때 제(諦)는 진리나 가르침을 의미한다. 진제는 '모든 것에는 영원불변한 실체가 없다', 즉 '모든 것이 공하다'는 불교의 가르침을 의미한다. 반면 속제는 관습적인 판단과 언어의 세계를 나타낸다. 따라서 '제'라는 글자가 붙어 있음에도 속제는 진리의 세계라고 할 수 없다.

의지 작용〔行蘊〕, 의식 작용〔識蘊〕의 결합체에 지나지 않는다. 그렇다면 자아의 동일성은 실제로 존재하는 것이 아니라, 다섯 가지 기능이 결합되어 나타난 일시적인 현상에 불과하다. 싯다르타는 이 오온 이론을 통해 무아를 정립함으로써, 고통을 낳는 동일성과 불변성에 대한 잘못된 견해〔邪見〕을 해소하고자 했다. 다시 말해 이 이론들은 애초부터 치료적인 성격을 강하게 지니고 있었던 셈이다.

그런데 무아 이론을 정당화하는 오온 이론은 싯다르타 사후에 그의 후학들로 이루어진 소승불교(小乘佛敎)에 의해 상당히 왜곡된다. 역설적이게도 소승불교는 오온 이론 자체에 집착한다. 현상적인 자아는 무아 상태로 이해하면서도, 현상적 자아를 구성하는 오온이라는 요소는 불변한다고 믿은 것이다. 소승불교의 이런 입장은 흔히 인공법유(人空法有)라는 주장으로 요약된다. 즉 "현상적 자아는 자기 동일성이 없지만〔人空〕, 현상적 자아를 구성하는 요소에는 자기 동일성이 있다〔法有〕"는 것이다. 결과적으로 이들에게 있어서 싯다르타의 근본적 문제 설정인 고통과 그 일시적 치료법으로서의 집착의 제거라는 테마는 사라지고, 그 치료약이 만고불변의 만병통치약으로 숭상 받게 된 것이다.

그러나 나가르주나에 이르러 소승불교의 견해는 다시 전복된다. 불변하는 것으로 이해된 다섯 요소는 새로운 집착의 대상에 지나지 않는 것으로서, 새로운 종류의 고통을 낳는 것으로 간주되었다. 그가 《중론》을 쓴 이유도 바로 소승불교도의 이런 집착을 없애려는 데 있었다. 이 점에서 나가르주나의 사상은 비유적으로 다음과 같이 표현될 수 있다. "약 좋다고 남용 말고, 약 모르고 오용 말자." 나가르주나의 중관불교는 이론화된 불교 즉 소승불교에 대한 비판이라는 특이한 자리를 차지하고 있다.

모든 고통을 해소해줄 만병통치약은 이 세상 어디에도 존재하지 않으며, 병과 약은 상호 의존 관계에 있다. 그런데 만약 오온과 같은 약이 병의 종류를 막론하고 만병통치약으로 설정된다면, 그 약에 대한 중독은 오히려 더 고치기 힘든 병이 될 것이다. 이를 이해하기 위해 다음 글을 읽어보자.

여러 인연(因緣)이 낳은 존재, 우리는 그것을 공이라고 하는

데, 이것 또한 오직 '개념적인 것[假]'일 뿐이고, 또한 이것
이 바로 '중도[中]'이다.

《중론》, 〈관사제품(觀四諦品)〉

공의 의미를 제대로 보지 못하는 경우, 지혜가 얕은 사람은
스스로를 해치게 된다. 마치 주술을 잘못 부리거나 독사를
잘못 잡는 것과 마찬가지다.

《중론》, 〈관사제품〉

어떤 존재가 '직접적인 원인[因]'이나 '간접적인 조건[緣]'에
의해 발생했다면, 이는 결국 의존적으로 발생한 것이다. 따라서 그
것은 자기 동일성[自性]을 가질 수 없다. 불교에서는 이런 의존적
인 발생을 가리켜 연기(緣起, pratītya-samutpāda)라고 부른다.
'A에게 자기 동일성이 없다'는 주장은 'A가 의존적으로 발생한
다'는 것을 의미한다. 그리고 이것이 바로 'A가 공하다'는 주장을
뜻하기도 한다.

공이라는 개념은 산스크리트 '순야타'를 옮긴 것인데, 이는 무
의미를 가리킨다. 나가르주나에게 있어 공은 대부분 'A는 공하다'
라는 형식으로 사용되고 있다. 이 말은 'A는 자기 원인적인 실체,
즉 고정된 자성(自性)을 지닌 실체가 아니다' 혹은 'A는 자기 동
일적 실체로 이해되면 무의미해진다'는 것을 의미한다.

<u>인공</u>(人空)이라는 주장을 통해서 싯다르타가 비판하려 한 것은
인간이라는 현상적 존재 자체가 아니라 인간의 자아가 영원하다

인공(人空)은 '인간
에게는 불변하는 실
체가 없다'는 의미. 이 말은
인간에게는 불변하는 영혼이
나 자아 같은 것이 없다는 뜻
이다. 인간이 공하다는 것을
설명하기 위해서 싯다르타는
인간을 다섯 가지 요소, 즉 다
섯 가지 법(法)으로 분해한다.
그것이 바로 육체를 의미하는
색(色), 감각작용을 의미하는
수(受), 표상작용을 의미하는
상(想), 의지작용을 의미하는
행(行), 의식을 의미하는 식
(識)이다.

고 보는 집착에 사로잡힌 견해다. 마찬가지로 <u>법공(法空)</u>이라는 주장을 통해서 나가르주나가 비판하려 한 것은 '현상적 자아를 구성하는 요소들이 자기 동일적 실체로 존재한다(法有)'고 보는 소승불교의 입장이다. 그런데 나가르주나는 다른 사람들이 자신이 주장한 공을 또 하나의 실체로 생각하고 거기에 집착할 수 있다는 사실을 미리 알고 있었다. 그래서 자신이 주장한 공마저도 공한 것, 즉 '공도 공하다(空空)'라고 이야기할 수밖에 없었다.

공도 공하다고 이야기했던 나가르주나의 생각에서 우리는 유명한 이제설에 대한 그의 논의를 이해할 수 있는 실마리를 얻게 된다.

나가르주나

> 부처의 가르침은 전적으로 두 가지 진리가 있음에 의존한다. 개인적인 일상 세계의 것(俗諦)과 그것을 초월하는 더 높은 진리(眞諦). 두 진리 사이의 진정한 구별을 분명하게 인식하지 못하는 사람들은 부처의 가르침의 숨은 깊이를 분명히 인식할 수 없다. 만일 일상적인 진리 즉 속제가 토대로 수용되지 않는다면, 탁월한 진리 즉 진제는 알 수 없게 될 것이다. 만일 진제가 이해되지 않는다면 열반(涅槃)은 달성될 수 없을 것이다.
>
> 《중론》, 〈관사제품〉

나가르주나에게 세속적인 진리인 속제와 진정한 진리인 진제는 불가분의 관계에 놓여 있다. 속제가 집착이라는 질병으로 고통받고 있는 우리의 일상적인 세계를 가리킨다면, 진제란 그런 질병을

석가모니의 열반

치료하기 위해 제안된 처방전, 즉 약의 세계라고 할 수 있다. 그런데 문제는 약에 집착하는 순간, 처방전으로 제안된 약조차도 약물 중독 같은 다른 질병을 낳을 수 있다는 점이다. 이 경우 도리어 집착의 대상이 되어버린 약은 고통을 낳으므로 진제가 아닌 속제가 된다. 예를 들어보자. 싯다르타가 자아에 집착하는 질병을 고치기 위해서 제안한 오온은 분명 진제다. 그러나 소승불교도들이 오온에 집착하면서, 도리어 집착이라는 질병을 낳아 오온은 속제로 떨어지게 된다.

나가르주나가 오온이 공하다고 했을 때, 공은 진제에 속한다. 그러나 누군가가 공에 집착하는 순간, 이 공은 속제로 떨어지게 된다. 사실 진제란 집착이라는 질병을 치료하기 위한 임시적인 약일 뿐이다. 따라서 집착을 치료하면 진제라는 것은 아무 의미가 없어지는 것이다. 그러므로 싯다르타나 나가르주나에게 집착의 불꽃이 소멸된 상태인 열반은 제대로 약을 복용하여 병이 치료되어 병과 약 모두가 존재하지 않는 상태를 의미한다.

3. 길장, 사변에 빠지다

불교에서 인간의 고통은 모두 영원성과 불변성에 대한 집착에서 유래한다. 싯다르타의 무아 이론이나 나가르주나의 공 이론은 모두 집착이라는 질병을 치유하기 위해서 제시된 것이다. 공 이론을 핵심으로 하는 나가르주나의 중관불교를 이해한다는 것은 공의 의미와 역할을 이해하는 것이기도 하다. 삼론종을 완성한 길장 역시 이 점을 잘 알고 있었다. 다음에서 인용한 길장의 이야기는 그가 나가르주나의 공 개념에 대해 얼마나 깊이 이해하고 있는지를 잘 보여준다.

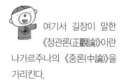 여기서 길장이 말한 《정관론(正觀論)》이란 나가르주나의 《중론(中論)》을 가리킨다.

> 《정관론(正觀論)》에서 말하기를 "위대한 성인이 공에 대해 말한 것은 여러 가지 견해에서 벗어나기 위해서다. 만약 누군가가 다시 공이 존재한다는 견해를 가진다면, 그 사람은 부처님도 교화할 수 없을 것이다"라고 했다. 물은 불을 끌 수 있는데 지금 다시 물이 불을 만들어낸다면 무엇으로 불을 끌 수 있겠는가……만약 다시 공에 집착하게 된다면, 이는 어떤 약으로도 치료할 수 없을 것이다.
>
> 《삼론현의》

길장은 나가르주나의 취지를 물과 불의 비유로 명쾌하게 설명하고 있다. 여기서 불은 동일성에 대한 집착을 상징하고, 물은 집착을 해소하기 위한 공의 진리를 상징한다. 활활 타오르는 불은 우리에게 재앙임에 분명하다. 이때 물은 불을 끄는 데 사용되는 치료제다. 그런데 만약 불이 꺼졌다면 물은 아무런 소용이 없다. 하지만 불이 꺼졌음에도 물을 계속 붓는다면 물에 빠져 죽을 수도 있다. 이 경우 물은 더 이상 불을 끄는 치료약이 아니라 그 자체로 하나의 재앙이 된다.

이 점에서 우리는 길장이 왜 《이제의》를 썼는지, 그리고 이 책에서 왜 세 겹으로 구성된 이제설을 주장했는지 이해할 수 있다.

보통 사람들은 이 세상만사가 실재한다는 기록을 보고 이에 따라 그저 "모든 존재가 있다"라고 말한다. 그러나 그 존재는 존재하는 바가 없음을 알지 못한다. 그러므로 여러 부처들은 그들을 위해 "모든 것은 궁극적으로 공하여 존재하는 바가 없는 텅 빈 것이다"라고 말한다. 모든 것이 존재한다고 하는 것은 중생들이 '있다'라고 말하는 것이다. 이것은 속제이며 중생의 진리다. 그러나 현인과 성자는 진실로 모든 것

의 본성이 공함을 안다. 이것이 진제이며 성인의 진리다. 이 단계에서 이제의 원리란 사람들로 하여금 속제에서 진제로 나아가게 하기 위해, 그리고 중생의 진리를 버리고 성인의 진리를 받아들이게 하기 위한 가르침이다. 이것이 첫 단계의 이제를 밝히는 까닭이 된다.

그 다음 두 번째 단계에서는 유무(有無)는 속제이고, 불이(不二)는 진제라고 설명한다. 이것은 '있다'와 '없다'가 두 가지 극단임을 보여준다. 유(有)가 하나의 극단이고 무(無)도 하나의 극단이다. 영원과 무상, 생사윤회와 열반 또한 양극단이다. 진제와 속제, 생사윤회와 열반 모두 양극단이기 때문에 이제 속제가 된다. 진제도 아니고 속제도 아닌 것, 생사윤회도 아니고 열반도 아닌 불이가 중도(中道)이고 이것이 최고의 진리가 된다.

그 다음 세 번째 단계에서는 있기도 하고 없기도 하는 유무의 이(二)와 두 극단적인 견해에서 벗어난 불이가 속제가 되고, 비이비불이(非二非不二)가 최고의 진리가 된다. 앞에서는 진제, 속제, 생사윤회, 열반이 두 극단에 치우쳐 있는 까닭에 속제가 되고, 반면에 진제도 아니고 속제도 아니며, 생사윤회도 아니고 열반도 아닌 것이 불이의 중도로서 최고의 진리가 된다. 그러나 이 둘 또한 양극단이다. 왜 그러한가? 이는 치우친 것이고 불이는 중도를 잡고 있는 것이다. 한편으로 치우친 것도 하나의 극단이고 중도를 잡고 있는 것도 하나의 극단이다. 한쪽으로 치우친 것과 중도를 잡고 있는

싯다르타가 출가를
하게 되는 계기를 묘사한 그림

것은 여전히 두 극단이다. 두 극단인 까닭에
속제라고 말한다. 따라서 한쪽으로 치우치지
도 않고 중도를 잡지도 않는 것만이 진정한
중도이며 최고의 진리로 간주된다.

《이제의》

따라서 속제가 집착과 그로부터 발생하는 고
통의 세계라면, 진제는 그것에 대한 치료약으로 제기된 불교의 이
론이다. 여기서 더 나아가 길장은 진제 자체가 집착의 대상이 되
면, 진제가 속제에 속할 수밖에 없다는 점을 통찰한 것이다. 아무
리 좋은 약이라도 과다 복용하면 고통에 빠지게 된다. 결국 과다
복용한 약은 속제에 속할 수밖에 없다. 그렇다면 이 경우 진제란
무엇인가? 그것은 다름 아니라 약을 과다 복용하지 않는 것이다.
왜냐하면 약물 중독으로 오는 고통은 단지 약물 투여를 중지해야
만 고칠 수 있기 때문이다. 이런 논리에 따라 그는 세 겹으로 구성
된 이제설을 제안한다. 얼핏 보면 복잡해 보이는 길장의 이제설은
다음과 같이 간단하게 정리해볼 수 있다.

첫 번째 이제에서 유는 자아나 대상이 동일성을 가지고 있음을
상징한다. 반면 무는 이런 동일성이 없음을 상징한다는 점에서 공
과 같은 의미를 가지고 있다. 이때 속제는 동일성에 대한 집착으로
고통을 겪는 세계이고, 진제는 집착을 소멸시키는 불교의 진리 즉
불법(佛法)의 세계를 말한다. 그러나 동일성에 대한 집착이 없어
졌음에도 도리어 동일성의 없음 즉 무에 대한 새로운 집착이 생길

길장의 이제설

첫 번째 이제		두 번째 이제		세 번째 이제	
속제	진제	속제	진제	속제	진제
유	무	① 유 ② 무	비유비무	① 유 ② 무 ③ 비유비무	비이비불이
질병	약	① 질병 ② 약	질병도 없고 약의 과다 복용도 없는 상태	① 질병 ② 약 ③ 질병도 없고 약의 과다 복용이 없는 상태	질병도 없고 약의 과다 복용도 없으며, 동시에 질병이 없는 것도 아니고 약의 과다 복용이 없는 것도 아닌 상태

수 있다. 불교에서는 집착이란 그것이 어떤 종류든 간에 항상 고통을 낳는 것으로 사유된다. 그래서 두 번째 이제에서 무가 고통을 일으키기 때문에 속제에 속하게 된 것이다.

사실 이런 식으로 나가면 길장의 이제설이 반드시 세 번째 단계에서 그치는 것은 아니다. 네 번째 이제, 다섯 번째 이제도 얼마든지 가능하다. 그의 이제설은 이론적으로는 무한 겹으로 진행될 수 있다. 진제에 대한 집착이 생기기만 하면, 그 치료약으로서 새로운 이제설이 곧바로 구성될 수 있다.

길장이 제안한 복잡한 이제설의 취지는 분명하다. 위장약을 과다 복용하면 위장병에 걸렸을 때보다 더 심각한 고통이 발생할 수 있다는 점이다. 그런데 우리는 길장의 이와 같은 논의에서 사변적이고 현학적인 냄새를 감지하지 않을 수 없다. 불교에서 중요한 것은 첫 번째 이제에서 제안된 진제 즉 공의 진리가 삶의 집착을 벗어나는 수행에 어떻게 적용될 수 있는가라는 정도의 문제가 아니었을까? 사실상 대다수의 사람들은 집착과 고통의 세계에 빠져 있을 뿐, 공에 집착함으로써 발생한 또 다른 고통에 괴로워하는 사람은 불교 이론가나 지식인일 것이다. 이 점에서 길장과 그의 삼론종은 일종의 엘리트주의에 젖어 있었다고도 비판할 수 있다. 길장이 집착과 고통의 세계에 머물고 있는 대다수 사람들을 구하는 데 좀 더 관심을 기울였다면 현학적인 이제설은 출현하지 않았을지도 모른다.

윤회도

4. 공을 이해하기 시작하다

격의불교 시절에 공은 무라는 왕필의 용어로 번역되었다. 그런데 왕필에게 무란 전체 세계라는 나무의 공통된 뿌리를 상징하거나 그 뿌리에 도달하기 위해서 사사로움을 버리는 수행론을 의미한다. 그러나 길장은 중국인으로는 최초로 나가르주나가 주장한 공의 진리를 정확히 파악하는 데 성공한다. 길장에 의해 중국인들은 나가르주나가 이야기하는 공이 왕필의 무와는 다르다는 것을 알게 되다. 길장은 《이제의》에서 공이라는 것은 고통을 치료하는 약일 뿐이며 집착이 해소되면 버려야 할 대상이라는 나가르주나의 생각을 정확히 이해했음을 보여준다.

그러나 그가 창시한 삼론종은 논리적 추론이나 형이상학적 사변을 좋아하는 일부 지식인에게만 영향을 미쳤으며, 9세기 무렵에는 중국 사회에서 사라지게 된다. 삼론종이 힘없이 소멸한 이유로는 논리적 분석을 좋아하지 않던 중국인의 경향을 꼽을 수도 있지만, 근본적으로 삼론종이 고통에 빠진 중생을 구제하기보다는 이론적인 작업에 더 치중했기 때문이다. 그러나 길장을 통해 비로소 정확히 이해되기 시작한 나가르주나의 중관철학은 이후 천태종이나 화엄종 그리고 선종과 같은 중국 불교 철학의 기초로서 언제나 살아 있게 되었다는 점을 잊어서는 안 될 것이다.

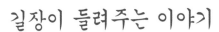

길장이 들려주는 이야기

비판자가 물었다. "이미 공이라는 병에 걸렸다면, 왜 그에게 있음이라는 약을 주지 않고, 그의 교화를 포기해야 한다고 말하는가?"

길장이 대답했다. "만약 어떤 사람을 있음이라는 개념으로 교화하려 한다면, 그는 다시 있음이라는 개념에 집착하게 될 것이다. 그렇다고 말을 하지 않으면 단견에 집착하게 될 것이다. 이런 유의 사람을 어떻게 교화할 수 있겠는가?"

《삼론현의》

難日, 旣著空病, 何故不服有藥而言息化? 答, 若以有化, 還復滯有, 乃至
亡言便復著斷. 如此之流, 何由可化?

 한자 풀이

著(착) : 집착하다   化(화) : 교화하다

服(복) : 복용하다   滯(체) : 머물다, 집착하다

息(식) : 그만두다   斷(단) : 허무주의적인 견해

깊이 읽기

나가르주나는 모든 것에는 영원불변한 동일성이 있다고 믿는 상견(常見)과 모든 것에는 어떤 동일성도 없어서 허무하다고 믿는 단견(斷見)을 모두 벗어나야 비로소 중도를 파악할 수 있다고 주장한다. 예를 들어 여기에 눈사람이 하나 있다고 해보자. 그런데 눈사람은 눈사람으로서의 불변하는 동일성을 가지고 있다고 이야기할 수 없다. 또한 우리 눈앞에 분명히 서 있는 눈사람을 눈사람이 아니라고 말할 수도 없다. 기온과 습도라는 외적인 조건과 물이라는 내적인 조건으로 인해서 눈사람이 만들어졌다는 것, 그리고 이것은 시간이 지나면 소멸된다는 것, 이런 자명한 사실들을 아는 것이 바로 중도를 깨닫는 것이다. 상견에 빠진 사람을 구하기 위해 약으로 제시된 것이 바로 공 혹은 없음의 가르침이다. 그러나 약으로 제시된 공에 집착하면 이 사람은 단견에 빠지게 된다. 그렇다고 이 사람에게 다시 있음이라는 약을 줄 수는 없다. 그렇다면 그는 이제 또다시 상견에 빠질 것이기 때문이다. 이 글은 길장이 나가르주나의 입장을 얼마나 정확하게 이해하고 있는지를 잘 보여준다.

더 읽어볼 만한 책

김성철, 《중론, 논리로부터의 해탈, 논리에 의한 해탈》(불교시대사, 2004)

이 책은 난해하기로 악명 높은 나가르주나의 《중론》에 대한 깊이 읽기다. 부제가 알려주고 있듯이 저자는 나가르주나가 창시한 중관불교의 의도를 '논리로부터의 해탈이자 동시에 논리에 의한 해탈'이라고 주장하고 있다. 잘못된 논리로 구성된 세계관과 인간관이 우리를 고통에 빠뜨린다는 점에서, 이것으로부터 벗어나는 다른 논리를 제공하려고 했던 것이 나가르주나의 입장이라는 것이다. 친절하고 상세한 저자의 설명이 난해한 나가르주나의 사상을 어렵지 않게 맛보도록 해준다.

김성철, 《중관사상》(민족사, 2006)

나가르주나의 중관불교를 전문적으로 연구한 저자의 중관불교 개론서다. 저자는 싯다르타의 초기 불교에서의 중도의 의미를, 그리고 이를 철학적으로 계승한 나가르주나의 공의 논리를 평이한 문체로 설명하고 있다. 또한 나가르주나의 중관불교가 인도, 티베트, 그 밖의 동아시아에서 어떻게 이해되었는지에 대한 짧지만 핵심적인 논의를 싣고 있다. 그뿐 아니라 책의 말미에는 지금까지 나온 여러 중관불교 이론서와 연구서를 정리함으로써 개론서로서의 임무를 성공적으로 마무리하고 있다. 중관불교를 좀 더 공부하려는 전문 연구자나 일반 독자에게 많은 도움이 될 것이다.

현장—
유식불교를 이해하다

제7장

1. 현장, 실크로드를 건너다

　인도 불교의 역사에서 가장 중요한 두 학파는 나가르주나가 창시한 중관불교와 바수반두가 창시한 유식불교다. 삼론종의 창시자 길장이 평생 중관불교를 이해하려고 노력했다면, 법상종의 창시자인 현장은 유식불교를 이해하는 데 평생을 바쳤다. 사실 길장의 작업은 현장에 비해 수월했다. 왜냐하면 그에게는 이미 쿠마라지바와 그의 제자들이 번역한 중관불교의 논서들이 있었기 때문이다. 그러나 현장에게는 미리 번역된 유식불교의 논서가 전혀 없었다.

　629년 현장은 직접 인도로 가 나란다 불교대학에서 16년간 산스크리트와 유식불교를 배웠다. 당시 중국의 불교계는 상충되는 불교 이론을 둘러싸고 논쟁을 일삼고 있었는데, 현장은 어느 이론

바수반두(420~500)는 나가르주나와 더불어 대승불교를 철학적으로 기초한 사람이다. 집착이라는 현상이 기본적으로 마음에서 나온다는 것을 통찰한 뒤, 어떤 메커니즘으로 인간의 마음이 집착을 발생하게 되는지를 설명했다.

현장(玄奘, 602~664)은 중국 당나라 승려로 속성은 진(陳)이고 이름은 위(禕)다. 경(經), 율(律), 논(論)의 모든 불교 경전에 정통해 삼장법사(三藏法師)라고 불리기도 했다.

이 옳은지를 직접 확인하기 위해 중앙아시아의 실크로드를 건너 인도로 갔다. 645년 현장은 657권에 달하는 불교 서적을 가지고 중국으로 돌아왔다. 그가 《서유기》의 주인공 삼장법사의 실제 모델이 된 것은 이런 배경 때문이다.

그가 가지고 돌아온 경전은 대부분 유식불교에 대한 것이다. 현장은 당(唐)나라 황실의 재정적 지원에 힘입어 죽기 직전까지 자신이 가져온 경전을 번역하는 일에 몰두했다. 현장의 불경 번역 사업은 쿠마라지바의 최초의 방대한 불경 번역에 이어 두 번째로 중요한 의의를 갖는다. 현장에 의해 중관불교와 함께 대승불교의 한

 소설 《서유기》는 인도로 가는 임무를 받은 삼장법사 현장이 마력을 지닌 손오공, 둔하고 덤벙거리는 저팔계, 약삭빠른 사오정과 함께 81차례의 모험을 거친 끝에 결국 불경을 얻는다는 내용을 담고 있다.

소설 《서유기》의 삽화. 현장, 손
오공, 저팔계, 사오정

축을 형성하고 있던 유식불교의 경전이 중국인의 손에 들어오게
된 것이다. 직접 인도에서 수학한 덕분에 현장의 불경 번역은 이전
의 번역에 비해서 신역(新譯)이라고 불릴 정도로 수준이 매우 높았
다. 그가 번역한 유식불교의 경전 중 가장 중요하고 불교계에 가장
큰 영향을 미쳤던 것은 바로 《성유식론(成唯識論, *Vijñaptimātra-*
tāsiddhiśāstra)》이다. 이 책은 바수반두의 《유식삼십송(唯識三十頌,
Triṃśikā)》을 다르마팔라Dharmapāla(護法) 등 열 명의 인도 주
석가가 함께 해석해놓은 것을, 현장이 취사선택하여 편찬한 책이
다. 이 책을 통해 중국 불교계는 바수반두가 창시한 유식불교의 정
수를 맛볼 수 있게 되었다.

다르마팔라Dharma-
pāla(護法, 439~
507)는 바수반두의 유식불교
에 정통했던 열 명의 논사 중
가장 유명한 사상가다. 젊었을
때부터 탁월한 논쟁 실력으로
불교 사상을 변호했던 것으로
유명하다.

2. 바수반두, 개념은 집착을 낳는다

중관불교와 마찬가지로 유식불교에서도 집착을 극복하는 것이

바수반두

문제였다. 바수반두는 이를 해결하기 위해 '인식 주체'와 '인식 대상' 사이의 관계를 집중적으로 숙고했다. 그에 따르면 인식 주체와 인식 대상 사이의 구분은 개념에 의해 구성된 것일 뿐 그 자체로 존재하는 것이 아니다. 따라서 우리가 자신 또는 어떤 대상에 집착하는 데는 아무런 근거가 없다.

바수반두에 따르면 주체와 대상이라는 구별은 기본적으로 개념, 즉 언어에 의해 발생하게 된다. 예를 들어 '파악하다(grāha)'라는 개념으로 인해서 '파악하는 자(grāhaka)'와 '파악된 것(grāhya)', 즉 주체와 대상이라는 구분이 만들어진다. 바수반두는 개념의 구별 작용을 이해하고 또 그 개념이 낳는 집착이라는 질병을 해소하기 위해서, 언어적 기호의 문제를 넘어서 의식의 구조 문제로 자신의 논의를 심화해나갔다. 어차피 개념으로 대표되는 언어 작용을 수행하고 이것에 집착하는 것은 의식 자체일 수밖에 없기 때문이다. 《유식삼십송》의 첫 번째와 두 번째 연에 나타난 바수반두의 논의를 살펴보자.

자아와 대상에 대한 관념들이 다양하게 있는 경우마다, 그것은 의식vijñāna의 변화 속에서 발생한다. 그런 변화는 삼중으로 발생한다.

시간이 지나면 어떤 결과를 나타내는 의식[異熟識],
대상을 생각하고 판단하는 의식[思量識],
대상의 존재를 알고 구별하는 의식[了別識],

이 셋이 바로 그것이다.

《유식삼십송》

　나 자신이나 외부 대상에 대한 관념은 모두 우리 의식의 변화 속에서 구성된 것에 지나지 않는다. 이것이 바수반두의 유식불교가 말하고자 했던 첫 번째 주장이라고 할 수 있다. 그렇다면 우리의 의식은 어떻게 자아나 대상에 대한 관념을 형성하게 되는 것일까? 바수반두에 따르면 그것은 우리 의식이 삼중의 구조로 작동하고 있기 때문이다. 가장 표면적인 의식의 변화는 '대상의 존재를 알고 구별하는 의식'이다. 이런 의식이 있기 때문에 우리는 사과와 배가 다르다는 것을 눈으로 보고 알 수 있다. 표면적인 의식의 바탕에는 '대상을 생각하고 판단하는 의식'이 존재한다. 이런 의식이 있기 때문에 우리는 사과가 붉다는 것을 알 수 있다. 그러나 이 두 의식의 심층에는 '시간이 지나면 어떤 결과를 나타내는 의식'이 존재한다. 이 심층의식은 예전부터 붉은 사과를 먹은 경험이 일종의 무의식으로 축적되어 존재하는 것이다. 그렇다면 이 세 가지 의식이 어떤 기능과 함의를 가지는지 살펴보자. 다음은 《유식삼십송》의 나머지 연에서 전개되는 논의를 간략하게 정리한 것이다.

　'시간이 지나면 어떤 결과를 나타내는 의식'이란 우리의 의식 중 가장 밑바닥에 있는 여덟 번째 의식을 말하는데, 이것은 아뢰야식(阿賴耶識, ālayavijñāna)이라고 불린다. 이 아뢰야식에는 의식의 종자(種子)들이 잠재되어 있는데, 이것이 현재화(現行)하면서 의식의 현상 세계가 드러나게 된다. 결국 주체와 객체, 인식하는

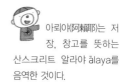

아뢰야(阿賴耶)는 저장, 창고를 뜻하는 산스크리트 알라야 ālaya를 음역한 것이다.

자와 인식되는 대상, 신체와 환경 등을 포함한 모든 것은 바로 이 아뢰야식의 현재화 작용에 근거해 발생하는 것이다.

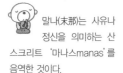
말나(未那)는 사유나 정신을 의미하는 산스크리트 '마나스manas'를 음역한 것이다.

아뢰야식의 활동과 더불어 일곱 번째 의식인 <u>말나식</u>(末那識)이 작동하게 된다. 이 일곱 번째 의식이 바로 '대상을 생각하고 판단하는 의식'이다. 말나식은 아뢰야식을 대상으로 삼으며, 아뢰야식을 자아라고 보고 이에 집착한다. 이 때문에 불교에서는 말나식을 자기의식이라고 부르기도 한다.

마지막으로 '대상의 존재를 알고 구별하는 의식'은 가장 표층에 있는 여섯 가지 의식을 가리킨다. 이는 눈[眼], 귀[耳], 코[鼻], 혀[舌], 몸[身], 마음[意]이라는 여섯 가지 감각기관에 의존하는 의식으로서, 각 대상을 구별한다. 구체적으로 살펴보면, 시각 대상을

의식의 세 가지 변화와 내용

의식의 변화	변화 내용
제1변화 (아뢰야식 변화)	아뢰야식 안에 저장된 종자들이 발아하고 성숙하여 말나식과 여섯 가지 의식이 드러난다.
제2변화 (말나식 변화)	아뢰야식과 함께 말나식이 작동하면 말나식은 아뢰야식을 사유의 대상으로 삼아 자신에 대한 집착을 일으킨다. 또한 말나식은 아뢰야식과 함께 여섯 가지 의식에 통일성을 부여해 그 활동의 전제가 된다.
제3변화 (여섯 가지 의식 변화)	말나식의 활동에 따라 아뢰야식이 변해서 만들어진 의식이라고 할 수 있는, 나머지 여섯 가지 의식이 작용한다. 이 여섯 가지 의식은 여섯 가지 감각 기관에 의존하여 각 대상을 분별하기 때문에 요별의식이라고도 불린다.

의식하고 구별하는 안식(眼識), 청각 대상을 의식하고 구별하는 이식(耳識), 후각 대상을 의식하고 구별하는 비식(鼻識), 미각 대상을 의식하고 구별하는 설식(舌識), 촉각 대상을 의식하고 구별하는 신식(身識), 개념적 대상을 의식하고 구별하는 의식(意識)이 이에 속한다. 이 여섯 가지 의식은 모두 구별하는 작용을 수행하기 때문에 중국에서는 요별의식(了別意識)이라고 부른다.

여기서 한 가지 기억해두어야 할 것이 있다. 그것은 바수반두가 의식vijñāna과 개념vijñapti을 구별하고 있다는 점이다. 사실 '유식(唯識, vijñaptimātra)'에서 '식(識, vijñapti)'은 의식이 아닌 개념이라고 번역된다. 이 점에서 바수반두는 유식이라는 말로 인식 주체와 인식 대상의 경계를 결정하는 것이 바로 개념임을 말하려고 한 것이다. 바수반두는 《유식이십송(唯識二十頌, Vim-śatikā)》 중 첫 번째 연에서 다음과 같이 말하고 있다.

> 이것은 단지 개념vijñapti일 뿐이다. 왜냐하면 이것은 실질적으로 실존하지 않는 대상을 반영하기 때문이다. 마치 눈병에 걸린 사람이 머리카락과 달을 지각하는 것처럼 말이다.
>
> 《유식이십송》

눈병에 걸려 달이 둘로 보이는 경우를 생각해보자. 눈병에 걸리지 않았다면 달이 두 개로 보이는 일은 없을 것이다. 여기서 눈병은 개념을 상징한다. 개념은 사물을 사물 자체로 지각하지 못하게 하고 심지어 왜곡한다. 비유하자면 개념은 붉은색 선글라스와 같

바수반두의 유식불교를 알려주는 저작은 《유식이십송(唯識二十頌)》과 《유식삼십송(唯識三十頌)》이다. 《유식이십송》이 외부 대상에 대한 앎이 모두 의식에 의존한다는 것을 밝히고 있다면, 《유식삼십송》은 의식이 어떻게 대상에 대한 앎을 낳고, 그것에 집착하게 되는지를 보여준다.

은 것이라고 할 수 있다. 붉은 선글라스를 끼고 사물을 보면 우리는 그 대상이 붉다고 지각하게 된다. 즉 개념은 자신이 지시하는 대상이 실제로 외부에 존재하는 것처럼 만드는 착시 효과가 있다. 마치 눈병에 걸린 사람에게 달이 둘로 보이고, 한 올의 머리카락이 둘로 보이는 것처럼 말이다.

앞의 바수반두의 말이 중요한 이유는 그의 비유가 우리에게 하나의 긍정적인 전망을 제공해주기 때문이다. 다시 말해 눈병을 치

료하면 우리는 달을 온전하게 볼 수 있다. 이것은 결국 개념이 가져다주는 집착을 치료할 수 있는 가능성이 있다는 의미이기도 하다. 물론 이것은 아뢰야식이나 말나식과 같은 심층의식이 초래하는 집착이라는 질병을 끊어야만 가능하다.

현장

3. 현장, 의식이 집착을 낳는다

　제6장 길장의 논의에서 보았듯 중관불교에서는 모든 존재가 의존적으로 발생하는 것 즉 연기한 것이기 때문에, 자기 동일성이 없어서 공하다고 했다. 그런데 모든 존재가 공하다는 것을 알면서도 인간은 왜 자신이나 외부 대상에 계속 집착하는 것일까? 바수반두에 따르면 그것은 아뢰야식으로 대표되는 심층의식의 작용 때문이다. 따라서 중요한 것은 왜 집착이 생기는지가 아니라 어떻게 집착을 끊는가 하는 문제다.

　현장이 이끌었던 불교학파가 법상종이라고 불리는 이유도 바로 여기에 있다. 법상종은 심층에서 작동하는 아뢰야식을 끊기 위해 아주 분석적이고 논리적인 심리학을 제안한다. 이런 사유는 종합적·직관적인 기존의 중국 사유 전통에서 볼 때 매우 이질적이었다. 따라서 현장이 유식불교의 경전을 중국에 소개한 것은 지성사적으로 매우 중요한 의미를 가진다. 특히 그가 번역한 《성유식론》을 통해서 유식불교의 중요한 측면이 비로소 중국인에게 전달되기 시작했다. 잠시 그 일면을 살펴보자.

법상(法相, dharma-lakṣaṇa)은 글자 그대로 의식에 떠오르는 대상(法)의 여러 특성(相)을 정교하게 해명한다는 의미다. 대상의 특성을 해명하는 것은 결국 그 특성이 모두 의식의 구성물이라는 것을 아는 것이다. 따라서 그 특성이 외부에 실제로 존재하지 않는 것을 알게 되면, 그것에 대한 집착을 끊을 수 있다는 것이다.

의식의 첫 번째 변화는 대승이나 소승의 가르침에서 모두 아뢰야식이라고 부른다. 이 아뢰야식은 '저장하는 주체', '저장하는 대상', '저장하여 지님'이라는 의미를 모두 갖고 있다……이 의식은 향이 그 냄새를 옷에 배게 하는 것처럼 의식 내에서 종자들을 자라게 하므로 훈습한다고 한다. 종자에서 생겨난 훈습하는 의식은 이번에는 또 지체 없이 다른 것을 훈습하여 종자를 생산해내는 새로운 원인으로 작용한다……이 의식은 그 시작을 알 수 없는 옛날부터 급류와도 같이 끊임없이 변화를 계속해왔다. 그렇다면 이로부터 벗어나기 위해서는 결국 어떤 상태에 도달해야 하는가? <u>아라한</u>(阿羅漢, arhat)의 경지에 도달해야만 이로부터 완전히 벗어날 수 있다. 번뇌의 모든 장애를 끊어버린 성자를 아라한이라고 부른다.

《성유식론》

모든 것이 공하다는 것을 알게 되면, 집착이 소멸하고 최종적으로 욕망도 사라져 평정한 마음을 얻게 된다. 이런 경지에 이른 수행자를 아라한arhat이라고 한다.

아뢰야식은 마치 옷에 향 냄새가 배듯이 우리가 어떤 행위를 할 때 그 행위의 결과를 저장하는 의식이다. 이렇게 아뢰야식의 형태로 저장된 과거 행위의 결과는 우리가 새로운 행동을 할 때마다 우리의 현재 의식을 지배하는 무의식으로 작동한다. 마치 기름 냄새가 밴 종이가 깨끗한 종이에 그 냄새를 스며들게 하듯이 말이다. 그뿐 아니라 아뢰야식에 지배되는 우리의 새로운 행동 역시 그 결과를 다시 아뢰야식에 저장하게 된다. 기름 냄새가 밴 종이에 다시 꽃향기가 스며들듯이 말이다. 그러면 이 종이는 이제 기름 냄새와 아울러 꽃향기도 풍기게 된다. 이렇게 과거의 향기 즉 행위의 결과를 저장한 아뢰야식이 작동하기 때문에 우리는 자아나 외부 대상에 집착하게 된다. 따라서 이런 집착에서 벗어나기 위해서는 급류와 같은 아뢰야식의 흐름을 끊어야 한다. 이런 흐름을 끊은 사람이 아라한의 경지에 오른 성자다.

다양한 아라한상

《성유식론》에는 현장이 유식이라는 중요한 개념을 어떻게 이해했는지를 보여주는 좋은 구절이 나온다. 그런데 유식 개념에 대한 《성유식론》의 이해 방식은 바수반두와 미묘한 차이를 보인다.

〔유식에서 유(唯)가 의미하는〕 '오직' 이라는 말은 의식과 분리되어 사물이 존재할 수 있다는 주장을 논박하기 위한 것이지, 의식의 여러 기능이 존재한다는 사실을 부정하기 위한 것이 아니다. 또한 '의식의 변화' 란 내부의 여러 의식들이 움직여 마치 자아와 대상이 외부에 실재하는 대상으로 존재하는 것처럼 보이도록 한다는 것을 말하는 것이다……'모든 것은 오직 의식으로 존재할 뿐' 이라고 말한 이유는 실재에 대한 그릇된 분별이 통용되고 있기 때문이다. 그리고 오직이라는 말은 의식 속의 대상마저 거부하는 것은 아니기 때문에, 참된 공의 성질 또한 존재할 수 있다. 이로부터 우리는 의식의 외부에 (독립적으로 존재하는) 대상을 인정하는

태도나 의식을 비존재로 간주하는 태도라는 두 가지 극단적인 견해에서 벗어날 수 있게 되었고, 유식의 이론을 확립하여 중도의 원리에 충실하게 되었다.

《성유식론》

《성유식론》에서 유식 개념은 "모든 것은 오직 의식으로 존재할 뿐"이라는 의미로 한정되어 있다. 이것은 "'오직'이라는 말은 의식과 분리되어 사물이 존재할 수 있다는 주장을 논박하기 위한 것이지, 의식의 여러 기능이 존재한다는 사실을 부정하기 위한 것이 아니다"라는 현장의 말에서 확인된다. 따라서 《성유식론》의 유식 개념은 모든 것이 의식에 따라 구성된 대상일 수밖에 없다는 것을 주장하고 있다. 그런데 여기서 불가피한 오해가 발생하게 된다. '모든 것은 오직 의식으로 존재할 뿐'이라는 주장이 일종의 <u>절대 관념론</u>처럼 보일 수 있기 때문이다. 물론 《성유식론》이 이런 귀결을 의도했던 것은 전혀 아니다. 하지만 이런 오해를 낳을 수 있는 여지를 어느 정도 가지고 있는 것은 사실이다.

또한 모든 것이 의식이라는 통찰을 얻었다고 해서 우리가 모든 집착에서 벗어날 수 있는 것은 아니다. 여전히 우리 의식의 심층에는 집착을 낳는 아뢰야식이 계속 흐르고 있다. 중요한 것은 '모든 것은 오직 의식으로 존재할 뿐'이라는 주장은 '모든 집착의 대상은 우리 의식이 만든 것이다'라는 주장으로 이해해야 한다는 것이다. 이때 유식불교는 절대 관념론이라는 오해로부터 자유로울 수 있을 것이다.

절대 관념론은 헤겔 G. W. F. Hegel의 사변철학에서 유래하는 개념이다. 그는 자신의 변증법적 철학을 절대 관념론이라고 불렀다. 절대적 관념론은 우리 자신과 우리 눈에 보이는 모든 것은 신과 유사한 절대적인 관념이 실현된 것이라고 보는 견해다.

실제로 앞서 살펴본《유식이십송》에서 바수반두에게 유식은 "단지 개념일 뿐"이라는 의미를 가지고 있다. 왜냐하면 그는 개념에 의해 매개되지 않는 의식의 가능성, 즉 집착을 수반하지 않는 의식의 가능성을 시사했기 때문이다. 단지 개념일 뿐이라는 주장을 눈병에 비유해 설명함으로써, 바수반두는 자신의 유식불교가 절대 관념론이 아님을 분명히 밝혔다. 이것은 눈병을 고치면 대상을 있는 그대로 바라볼 수 있음을 암시한다. 즉 모든 것이 의식으로 존재한다고 본 현장은 집착에서 벗어날 수 없는 관념론이라는 오해를 받았던 반면, 의식 바깥에 대상이 존재하고 아뢰야식이라는 심층

인도에서 불경을 가지고
돌아오는 현장

의식을 제거하면 그 대상을 있는 그대로 지각할 수 있다고 본 바수
반두는 집착의 제거라는 불교의 본질에 한 발 더 다가갔던 것이다.

4. 현장의 공헌과 잊혀진 불교 사상가

신라시대의 고승 원
효(元曉, 617~686)
와 의상(義湘, 625~702)은
현장에게서 유식불교를 배우
기 위해 육로로 당나라에 가
던 중 고구려 군사에게 첩자
로 오인되어 실패한다. 해로로
다시 당나라로 가려 했으나
원효는 한 고분에서 깨친 바
가 있어 발길을 돌리고, 의상
만 당나라에 도착해 지엄(智
儼, 602~668)에게서 가르침
을 얻는다. 원효가 저술에 힘
쓰고 개인적인 교화 활동을
편 데 반해, 의상은 화엄종을
조직하고 교화와 교육을 중시
했다.

현장의 공로는 산스크리트로 씌어진 유식불교의 논서들을 중국
어로 거의 완전하게 번역해냈다는 데 있다. 이로 인해 산스크리트
를 직접 배우지 않은 한자 문화권의 사람들은 복잡하고 난해한 유
식불교를 접할 수 있게 되었다. 바로 이런 이유로 신라의 <u>원효(元
曉)</u>나 <u>의상</u>(義湘) 역시 인도로 불교를 배우러가기보다 현장에게서
불교를 배우려고 했다. 그러나 현장이 창시한 법상종 역시 당시의
중국인에게는 너무나 복잡하고 난해한 이론 체계였다. 사실 법상
종이라는 말도 이 불교학파가 의식의 떠오르는 수많은 의식 대상
의 특성을 백 가지로 나누어서 정밀하게 분석했기 때문에 붙여진

이름이다. 따라서 법상종의 교리 체계는 최고 수준의 철학적 훈련을 받은 영민한 소수의 불교 이론가만이 접근할 수 있는 이론이다.

그러나 집착을 벗어나기 위해서 마음의 메커니즘을 정확히 해명하는 것은 불교에서는 불가피한 일이다. 우리가 기억해두어야 할 것은 법상종에 속하는 사상가 중 현장의 흐름을 맹목적으로 따르지 않은 독창적인 사람이 있었다는 점이다. 그 사람이 바로 신라의 원측(圓測)이다. 원측은 원효나 의상의 명성에 가려서 평가절하되는 경향이 있다. 그렇지만 그는 중국이나 우리나라의 불교 사상

원측(圓測, 613~ 696)은 신라의 왕족 출신으로 세 살에 출가하여 열다섯 살에 깨달음을 얻었다는 천재적인 불교 사상가다. 그는 합리적인 이성과 뛰어난 통찰력으로 중국화된 유식불교를 넘어서 인도의 유식불교 전통을 성공적으로 복원했다.

가 중 티베트 불교에 막대한 영향을 끼쳤던 유일한 불교 사상가다. 특히 그가 지은 《해심밀경소(海深密經疏)》는 아직도 티베트 번역본이 남아 있을 정도로 티베트 불교 전통에 강한 흔적을 남겼다. 티베트 불교는 유식불교와 중관불교를 종합하려는 경향이 강하다. 현장에게서 유식불교를 배운 원측은 중관불교 역시 종합적으로 수용함으로써 티베트 불교 전통에 근접했다.

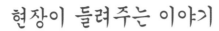

현장이 들려주는 이야기

만약 의식이라는 것이 존재하지 않는다면 속제도 존재하지 않게 된다. 속제가 존재하지 않으므로 진제도 존재하지 않게 된다. 진제와 속제는 상호 의존하여 성립하기 때문이다. 만약 진제와 속제를 모두 부정한다면 이것은 공을 잘못 이해하는 것이다. 이는 여러 부처도 치료할 수 없다고 한 것이다.

《성유식론》

此識若無, 便無俗諦. 俗諦無故, 眞諦亦無. 眞俗相依而建立故. 撥無二
諦是惡取空. 諸佛說爲不可治者.

 한자 풀이

識(식) : 의식

相依(상의) : 서로 의존하다

撥(발) : 없애다

惡(악) : 잘못된

取(취) : 집착하다

깊이 읽기

바수반두의 유식불교에 따르면 자아나 대상은 의식 즉 우리의 마음이 구성한 것으로 이해된다. 그럼에도 우리는 자신이 구성한 자아나 대상이 항상 존재한다고 보고 그것에 집착한다. 바수반두는 이런 허구적인 집착의 과정을 아뢰야식을 중심으로 하는 의식 이론을 통해 비판하고 있다. 나아가 그는 아뢰야식이라는 무의식의 흐름을 끊을 수만 있다면 집착의 과정에서도 벗어날 수 있을 것이라고 주장한다. 문제는 바로 이 지점에서 오해가 생길 수 있다는 것이다. 모든 것이 우리 마음이 구성한 것이며 집착도 허구적인 것이라면, 아예 의식을 없애는 것이 낫지 않을까? 그러나 바수반두는 이런 극단적인 견해를 따르지 않는다. 왜냐하면 집착하는 의식도 있지만, 동시에 집착을 끊었을 때 발생하는 깨달음의 의식도 있기 때문이다. 바수반두는 집착을 낳는 의식 즉 아뢰야식을 끊으라고 했을 뿐 의식 자체를 끊으라고 말한 것은 아니다. 만약 의식 자체를 끊는 것이 가능하다면 그것은 자살하는 것이나 마찬가지다. 현장이 방대한 분량의 《유식삼십송》 중에서 이 부분을 가려 옮긴 이유도 바로 여기에 있다. 유식이라는 표현은 단지 집착하는 의식을 문제 삼을 뿐 의식 일반을 모두 문제 삼은 것이 아니다.

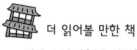 더 읽어볼 만한 책

서광 스님, 《현대 심리학으로 풀어본 유식 30송》(불광, 2003)

미국 보스턴 서운사의 주지로서 미국인에게 불교의 가르침을 전하고 있는 서광 스님이 현대인을 위해 알기 쉽게 바수반두의 유식불교를 설명하려고 쓴 책이다. 사실 바수반두의 《유식삼십송》은 웬만큼 불교를 공부했다고 하는 전공자들에게도 어려운 책이다. 그런데 저자는 가급적 전문적인 유식불교 용어를 사용하지 않고, 기본적인 심리학 용어로써 요령껏 풀어내고 있다. 책의 말미에 실려 있는 《유식삼십송》에 대한 다양한 번역문도 독자에게 도움을 줄 것이다.

핫토리 마사아키 외, 《인식과 초월》, 이만 옮김(민족사, 2004)

이 책은 일본 유식불교 전공자 두 명이 쓴 유식불교 연구서다. 이 연구서는 크게 3부로 나누어져 있다. 제1부는 유식철학을 이론적인 측면에서 다루고 있고, 제2부는 실천적인 측면에서 다루고 있다. 제1부와 제2부는 일반 독자들이 읽기에는 쉽지 않을 것이다. 부담을 느끼는 독자라면 이 책의 마지막 제3부를 먼저 읽는 것이 좋다. 유식불교의 다양한 측면에 대한 토론이 실려 있어서 읽기가 훨씬 편하다. 제3부를 가볍게 읽은 다음 제2부, 제1부의 순서로 읽으면 보다 쉽게 이해할 수 있다.

지의—세계를 구제하는 것이 나를 구제하는 것이다

1. 천태종, 최초의 중국적인 불교

천태종의 창시자인 <u>지의</u>(智顗)는 양(梁)나라와 진(陳)나라가 차례로 망하고 마침내 수나라가 통일제국을 세울 무렵인 혼란과 살육의 시대를 살았다. 이런 혼란 속에서 불교는 권력 쟁탈전에 빠진 정권에 의해 탄압받기도 했다. 북주(北周) 정권은 4만에 달하는 사찰을 헐어버리고 300만에 달하는 승려들을 환속시키는 폐불(廢佛) 정책을 시행했다. 그러나 지의는 고통에 빠진 중생을 구제해야 한다는 대승불교의 정신이 가장 강렬하게 표현된 경전《법화경(法華經)》을 통해 절망 속에서 희망을 발견한다.

그러나 당시의 중국 불교계 역시 중생들에게 희망을 줄 수 없을 정도로 양분되어 있었다. 전란의 소용돌이 중심부에 있었던 중국 북부는 신앙과 계율을 중시하는 실천적인 불교 학풍이 지배적인

지의

지의(智顗, 538~597)는 남북조와 수나라의 과도기에 살았던 고승으로 지개(智凱)라고도 한다. 천태종이라는 명칭은 지의가 거주하며 가르침을 폈던 중국 동남부의 산 이름에서 유래한다.

혜사

혜사(慧思, 514~577)는 열다섯 살에 출가하여 스무 살에 스승 혜문(慧文)을 만나《법화경(法華經)》의 사상과 일심삼관(一心三觀)의 수행법을 배우게 된다. 사십여 명의 뛰어난 제자들이 그를 항상 따라다녔는데, 그중 가장 탁월한 제자가 바로 지의였다.

고려시대의 의천(義天)과 지눌(智訥)의 불교 철학도 보통 '정혜쌍수(定慧雙修)'를 주장했다고 이야기된다. 이것은 천태 사상이 우리나라의 불교 사상에 미친 영향을 보여주는 사례라고 할 것이다. 천태종이 제안한 '정혜쌍수'는 이후 동아시아 불교 사상에 일관되게 흐르는 원칙 중 하나가 되었다.

반면, 한때 현학이 유행했던 중국 남부는 이론적인 불교 학풍이 지배적이었다. 이 점에서 중국 남부에서 태어난 지의가 중국 북부에서 태어나 활동하던 혜사(慧思)를 스승으로 만난 것은 행운이었다. 혜사는 제자인 지의에게 참선의 실천과 지적인 이해는 새의 날개처럼 함께 수행해야 한다는 '정혜쌍수(定慧雙修)'의 가르침을 주었다. 지의는 이를 토대로 이론적 측면과 실천적 측면을 모두 갖춘 최초의 중국적인 불교 천태종을 창시했다.

그런데 지의는 천태종의 이론적 기초를 중관불교에서 찾아냈다. 특히 중요한 것은 중관불교가 강조하는 세 개념, 즉 공, 가(假), 중(中)이라는 개념이다. 지의는 이 세 개념이 상호 분리 불가능한 전체를 이룬다고 생각하고, 이를 통해서《법화경》의 실천 정신을 정당화하려고 했다. 이는 천태종과 함께 중국 불교를 양분했던 화엄종이 기본적으로 유식불교에서 이론적 기초를 확보했던 것과 비교할 수 있다.

2. 《법화경》의 강렬한 실천 의지

불교 사상은 자리(自利)와 이타(利他)를 이념으로 삼고 있다. 물론 여기서의 이로움〔利〕이라는 말은 집착이라는 질병에서 벗어나는 이로움을 뜻한다. 따라서 자리란 글자 그대로 '스스로를 이롭게 한다'는 것, 즉 자신의 집착을 벗어던지려는 노력을 의미한다. 반면 이타란 '타인을 이롭게 한다'는 것, 즉 타인이 집착을 벗어던

지도록 돕는 것을 의미한다. 보통 불교에서는 수행자를 성문(聲
聞), 독각(獨覺), 보살(菩薩)로 구별한다. 성문이 부처의 설법을 듣
고 집착을 벗어던진 수행자를 가리킨다면 독각은 어떤 도움 없이
홀로 집착을 벗어던진 수행자를 가리킨다. 보통 성문과 독각으로
분류되는 수행자는 소승불교도라고 불린다. 반면 대승불교도의
이상이라고 할 수 있는 보살은 단순히 자신의 집착만이 아니라 타
인의 집착까지 벗어던지도록 해주는 수행자를 가리킨다.

　대승불교도가 성문과 독각을 소승이라고 조롱한 이유는 자신들
과 달리 그들이 자리만을 추구한다고 생각했기 때문이다. 소승(小
乘, hīnayāna)은 '작은 수레바퀴'를 의미하고, 대승(大乘, mahā-

yāna)은 '커다란 수레바퀴'를 의미한다. 이것은 결국 보살로 상징되는 대승불교가 자신뿐만 아니라 타인도 불법의 수레에 태우려는 이상을 가지고 있다는 것을 상징적으로 보여준다. 이 때문에 대승불교도의 눈에는 성문이나 독각은 자신만을 간신히 태운 작은 수레에 불과한 것으로 보였던 것이다.

그런데 이러한 자리이타의 대승불교 이념을 가장 잘 드러낸 경전 가운데 하나가 《법화경》이다. 《법화경》은 북인도 또는 중앙아시아에서 만들어진 인도 불교의 경전으로 원래 제목은 《묘법연화경(妙法蓮華經, Saddharmapuṇḍarīkasūtra)》이다. 《법화경》에는 타인을 이롭게 하려는 자비심을 갖춘 보살의 정신이 충만해 있다. 다음 글은 이런 보살의 정신을 보여주는 대표적인 사례다.

모든 부처는 하나의 커다란 인연으로 말미암아 세상에 출현

연화 즉 연꽃은 대승불교를 상징한다. 진흙탕 같은 곳에서 피어나 자신뿐만 아니라 주변을 고운 향기로 물들이는 연꽃은 자리와 이타를 추구하는 대승불교와 닮았다.

하는 것이니 무엇이 커다란 인연인
가? 모든 부처는 중생으로 하여금
부처의 깨달음을 열어 청정하게 하
기 위해 출현한 것이며, 중생에게
부처의 깨달음을 보여주고자 출현
한 것이며, 중생으로 하여금 부처의
깨달음을 깨닫도록 하기 위해 출현
한 것이며, 중생으로 하여금 부처의
깨달음으로 들어가도록 하기 위해 출현한 것이다.

《법화경》, 〈방편품(方便品)〉

'부처'는 깨달은 자를 의미하는 산스크리트 '붓다Buddha'에서
온 말이다. 이 깨달음은 인간의 고통이 집착에서 유래한다는 사실
에 대한 깨달음에서 집착이 자아나 외부 대상이 불변할 것이라는
오해에서 유래한다는 사실, 자아나 외부 대상의 동일성은 공하다
는 사실에 대한 깨달음으로 나아간다. 그리고《법화경》에 따르면
부처가 이 세상에 존재하는 이유는 이런 깨달음을 모든 중생과 공
유하기 위해서, 즉 자신과 마찬가지로 중생을 깨우치게 하기 위해
서다.

이러한《법화경》의 강력한 실천 정신을 이은 불교학파가 바로
지의가 완성한 천태종이다. 지의에게《법화경》은 대승불교 이론의
정화이자 자리와 이타를 완성할 수 있도록 해주는 실천적 지침서
다. 그래서인지 지의는 자신이 깨달은《법화경》의 핵심을 평생 동

아진타 석굴의 보살

안 강의했고, 마침내는 수제자 관정(灌頂)으로 하여금 강의 내용을 받아 적도록 했다. 이렇게 해서 탄생한 것이 바로 천태삼부(天台三部), 즉 천태종에서 가장 중요한 세 권의 저서다. 《법화문구(法華文句)》, 《법화현의(法華玄義)》라는 두 권의 철학적 저서와 《마하지관(摩訶止觀)》이라는 수행론적 저서가 바로 그것이다.

3. 세 가지 진리는 하나다

지의의 천태 사상 중 가장 중요한 공, 가, 중이라는 세 가지 개념은 모두 나가르주나의 《중론》에서 유래한다. 앞에서 살펴본 《중론》〈관사제품〉을 통해서 공의 진리, 가의 진리, 중의 진리에 대한 나가르주나의 입장을 먼저 살펴보자.

논의를 분명히 하기 위해서 비유를 하나 들어보자. 여기에 '어머니'라고 불리는 여인이 있다. 우리는 그 여인에게 어머니라는 자기 동일성이 있다고 생각하기 쉽다. 그런데 이 여인이 어머니라고 불리는 이유는 그녀가 '아이'라고 불리는 누군가를 낳아 기르고 있기 때문이다. 이것은 어머니라는 개념이 아이라는 개념에 의존하여 발생한 것임을 말해준다. 그렇다면 그녀에게는 어머니라는 자기 동일성이 애초에 없다고 말할 수 있다. 나가르주나가 '어머니는 공하다'고 이야기하는 이유는 바로 이 때문이다. 물론 그렇다고 해서 그녀가 어머니라고 불릴 수 있다는 사실 자체를 부정하는 것은 아니다. 자기 동일성을 상정하지 않는다면 어머니라는 개념은 일상 세계에서 사용하더라도 전혀 문제되지 않는다. 이것이 바로 나가르주나가 이야기했던 중도, 즉 중의 의미다.

초기 대승불교를 묘사한 부조. 한가운데가 부처

그러나 지의는 나가르주나의 통찰을 더욱 발전시켜 독창적인 주장을 펼친다. 이것이 바로 '삼제원융설(三諦圓融說)'이다. 이것은 공의 진리, 가의 진리, 중의 진리가 하나의 전체를 형성한다는 것이다. 지의에게 공의 진리란 일상적인 세계를 벗어난 깨달음의 진리이며, 가의 진리는 그럼에도 엄연하게 존재하는 일상적인 세계를 긍정하는 진리다. 그는 공의 진리를 깨달으면 자리가 완성되고, 가의 진리를 깨달으면 이타의 가능성이 확보된다고 본다. 그렇다면 지의에게 중의 진리란 공을 깨달았으면서도 가의 세계로 뛰어들어 중생을 구제하는 것을 의미하며, 동시에 가의 세계에 뛰어들어 중생을 구제하면서도 공의 진리를 잊지 않는 것을 의미한다. 한마디로 중의 진리는 자리라는 자기 수행과 이타라는 실천 행위가 원만하게 통일되어야 함을 표현하는 것이라고 할 수 있다.

하나의 공은 일체의 공으로서, 가와 중이면서 공 아닌 것이 없으니, 그 모두를 공으로 관찰하는 것이다. 하나의 가는 일

체의 가로서, 공과 중이면서 가 아닌 것이 없으니, 그 모두
를 가로 관찰하는 것이다. 하나의 중은 일체의 중으로서, 공
과 가이면서 중 아닌 것이 없으니, 그 모두를 중으로 관찰하
는 것이다.

《마하지관》

천태 사상의 수행론을 밝히고 있는 《마하지관》은 세 가지 관찰
법을 단계적으로 제시하고 있다. 첫 번째는 종가입공관(從假入空
觀)이고 두 번째는 종공입가관(從空入假觀)이며 세 번째 단계는
중도제일의관(中道第一義觀)이다. 이 세 가지 관찰법은 물론 공의
진리, 가의 진리 그리고 중의 진리에 입각해서 제안된 단계별 수행
방법이라고 할 수 있다.

첫 번째 관찰법인 종가입공관은 글자 그대로 '가로부터 공으로 들어가는 관찰법'을 의미한다. 공을 깨닫기 위해서는 현실 세계와 일정 정도 거리를 두어야 한다. 왜냐하면 깨달음의 대상은 결국 자신의 마음이기 때문이다. 따라서 종가입공관은 스스로 깨달음을 얻으려는 자리의 행위라고 할 수 있다. 두 번째 관찰법인 종공입가관은 글자 그대로 '공으로부터 가로 들어가는 관찰법'이다. 공을 깨달은 다음에는 현실 세계에 뛰어들어 보살의 정신에 따라 이타를 실천해야 한다. 마지막 세 번째 관찰법인 중도제일의관은 글자 그대로 '공과 가의 중도를 관찰하는 방법'이다. 중도제일의관을 통해서 종가입공관이 제공하는 자기 수행과 종공입가관이 제공하는 실천 행위가 종합된다. 요컨대 이 마지막 관찰법을 통해 우리는 공을 깨닫고 현실 세계를 무시하지 않음과 동시에 중생을 구제하려 하지만 그것에 집착하지 않는 중도의 경지, 즉 보살의 경지를 확보할 수 있게 된다.

천태 사상의 단계별 수행 방법

공	가	중
자리	이타	자리=이타
마음	대상	마음=대상
부처	현실 세계	부처=현실 세계
종가입공관	종공입가관	중도제일의관

4. 세계가 곧 나의 마음이다

가가 없는 공의 진리는 공허한 허무주의에 불과하고, 공이 없는 가의 진리는 맹목적인 고통을 감내하는 것에 지나지 않는다. 그래서 지의는 공의 진리가 그 자체로 존재할 수 없고, 가의 진리와 중의 진리를 통해서만 의미를 갖도록 천태 사상 체계를 구성한다. 즉 공의 진리를 깨달은 자, 즉 부처는 이 세상의 모든 중생을 구제해야 한다는 것이다. 이는 고독한 자기 수행으로 일관하던 불교 전통에 현실 세계를 구제하려는 강력한 구세 의식을 불어넣었다.

그런데 여기서 문제는 구제해야 할 현실 세계가 악으로 가득 차 있다는 점이다. 이 문제에 대해 지의는 모든 악은 단지 가의 세계에 국한된 것이기 때문에 상대적인 것에 지나지 않는다고 이해한다. 그러므로 그에게 있어 구제하지 못할 악인이란 존재하지 않는다.

> 일천제(一闡提)란 일찍이 선한 본성에 이르지 못한 자다. 그러나 비록 선한 본성에 이르지 못했다 하더라도 다시 선을 행하여 선에 물들면 선한 행위를 일으켜 온갖 악을 치료할 수 있다. 또한 부처는 악한 본성과 단절할 수 없어서 악에 이를 수도 있다. 그러나 악에 이르더라도 악으로부터 자유로울 수 있다. 따라서 악에 물들지도 않고 악한 행위를 일으키지도 않기 때문에 부처는 더 이상 악을 짓지 않는다. 나아가 악으로부터 자유롭기 때문에 여러 가지 악의 방편을 널리 사용하여 중생을 구제할 수 있는데, 하루 종일 그렇게 할

지라도 악에 물들지 않는다.

《관음현의(觀音玄義)》

명상 수행 중인 부처

　기존의 불교 전통에서 일천제는 아무리 노력하더라도 집착에서 벗어나 깨달음을 얻을 수 없는 최하급의 인간 유형으로 정의된다. 그러나 지의는 일천제에게도 깨달을 수 있는 선한 본성이 존재한다고 과감하게 주장한다. 그것은 그가 현실 세계의 악이란 단지 개념적인 것일 뿐, 실제적인 것은 아니라고 보기 때문이다. 물론 여기서 지의가 말한 선과 악은 깨달음의 세계와 미혹된 세계, 즉 공의 진리와 가의 진리를 상징하는 용어다. 분명 일천제는 겉보기에는 집착과 고통의 세계를 벗어나지 못할 것처럼 보인다. 하지만 지의는 이런 생각이 가의 진리에만 매몰되어 있는 것이라고 생각했다. 그러나 가의 진리와 공의 진리는 단절된 것이 아니라 불가분의 관계를 맺고 있으므로, 악한 사람도 선해질 수 있다는 것이다.

　앞의 글에서 우리가 주목해야 할 것은 "부처는 악한 본성과 단절할 수 없어서 악에 이를 수도 있다"는 표현이다. 이것은 공의 진리를 상징하는 부처가 현실 세계를 지배하는 가의 진리에 이르러야 한다는 것을 의미한다. 집착과 고통에 빠져 허우적거리는 중생을 구하기 위해서는 집착과 고통의 세계에 함께 들어갈 수밖에 없다. 마치 흙탕물에 빠진 아이를 구하기 위해서는 함께 흙탕물에 뒹굴 각오를 해야 하듯이 말이다. 이처럼 지의에게 있어 중도 즉 중의 진리를 실천하는 부처는 깨달은 세계의 선뿐만 아니라 현실 세

일심(一心)이란 깨달음의 계기와 미혹의 계기를 모두 포함하는 인간의 마음을 총체적으로 가리키는 말이다.

법계(法界)란 우리 마음이 다양한 수행 단계를 거칠 때, 매 단계마다 마음이 보고 있는 세계의 모습을 가리킨다. 예를 들어 부처의 눈에는 부처만 보이고 돼지의 눈에는 돼지만 보인다는 유명한 이야기도 법계에 대한 이야기라고 할 수 있다.

계의 악마저도 포용하는 인격체로 부각된다. 여기서 우리는 그의 또 다른 주장 '일념삼천(一念三千)'이라는 이론을 이해할 수 있는 실마리를 얻게 된다.

본래 일심(一心)에는 열 가지 법계(法界)가 갖추어져 있다. 하나의 법계가 또 열 가지 법계를 갖추고 있으니 백 가지 법계가 된다. 또다시 하나의 법계는 서른 가지 세간(世間)을 갖추고 있으니, 백 가지 법계는 삼천 가지 세간을 갖추게 된다. 이 삼천 가지 세간이라는 세계 전체가 일념에 존재하는 것이다.

사람 살려~

만약 마음이 없으면 그것으로 그만이다. 그러나 조금이라도 마음이 있으면 곧 삼천을 갖춘다. 일심이 앞에 있고 모든 세계가 뒤에 있다고 말할 수도 없으며, 또 모든 세계가 앞에 있고 일심이 뒤에 있다고 말할 수도 없다……왜냐하면 단지 일심이 모든 존재이고 모든 존재가 일심이기 때문이다.

《마하지관》

세간이란 보통 인간이 살고 있는 현실 세계를 가리키는 용어다.

일념삼천이란 '우리 마음은 삼천 종류의 세계를 갖추고 있다'는 의미를 가지고 있다. 지의의 생각에 따르면 세계는 '열 개의 세계 ×열 개의 세계×서른 개의 세계'로 구성되어 있기 때문에 삼천 종류로 구성되어 있다. 구체적으로 삼천 종류의 세계가 어떤 것인지는 철학적으로 중요하지 않다. 중요한 것은 삼천 종류의 세계, 즉 모든 세계에는 악의 세계도 존재한다는 지의의 통찰이라고 할 수 있다.

앞에서 살펴본《관음현의》에서처럼 지의가 악의 세계와 선의 세계가 마음에 모두 갖춰져 있다고 말한 것은 부처를 깨달음의 세계와 현실 세계에 동시에 관여하여 중도의 진리를 실천하는 존재로 이해했기 때문이다. 부처의 마음에는 순수한 깨달음의 희열뿐만 아니라 현실 세계의 고통에 대한 자각도 동시에 존재한다. 부처는 현실 세계의 고통을 괴로워하며 그것을 극복하려고 애쓰게 된다. 이것이 바로 대승불교의 정신이다. 결국 고통 받는 중생을 구제하려는 부처의 노력은 중생에 대한 자비심에서 유래한 것이며, 부처 자신의 마음을 구제하는 것은 중생을 구제하는 것으로 이어진다.

수나라의 보살상

지의가 "일심이 모든 존재이고 모든 존재가 일심"이라고 했던 이유가 여기에 있다. 부처 자신이 자신을 구제하기 위해서는 모든 존재를 구제해야 하고 그 반대도 마찬가지이기 때문이다.

5. 대중이 따라가기 힘든 초인적인 실천 의지

수나라 양제

양제(569~618)는 3대로 끝난 수나라의 제2대 황제. 고구려를 정복하기 위한 무리한 정책으로 수나라를 단명하게 만든 장본인이기도 하다.

스승 혜사를 만남으로써 지의는 《법화경》의 강력한 구세 의식을 배우게 된다. 그러나 지의가 《법화경》을 독해하는 데 무엇보다 커다란 영향을 미친 것은 《중론》〈관사제품〉에 나오는 공, 가, 중이라는 세 개념이다. 지의는 전체 세계를 이 세 가지 개념으로 보아야 한다고 반복해서 강조하고 있다. 여기서 공은 고통과 집착의 세계를 벗어난 부처의 경지를 나타내고, 가는 아직도 고통으로 가득 차 있는 현실 세계 속에 살고 있는 중생의 상태를 나타내며, 중은 중생을 가의 세계에서 공의 세계로 이끌려는 강인한 실천 의지를 의미한다. 천태종이 수나라 양제에게 적극적인 지지를 받았던 이유도 여기에 있다. 폭군으로 알려진 것과 달리 양제는 지의를 지자대사(智者大師)라고 존경하며 그의 제자가 되기를 청하기도 했다. 난세를 무력으로 통일하려 했던 양제는 지의의 강렬한 구세 의식에서 정치적 명분을 얻으려 한 것이다.

불행히도 남북조를 통일한 지 채 40년도 지나지 않아 수나라가 몰락하자 천태종도 쇠퇴의 길을 걷게 된다. 618년 수나라가 붕괴되고 당나라가 들어서자 당나라 황실은 천태종을 경시하기 시작했다. 이유는 단지 수나라가 천태종을 비호했기 때문이다. 그런데 사실 천태종이 쇠락하게 된 결정적인 이유는 그들이 가진 강력한 구세 정신에 있었다. 중생을 구제할 수 없다면 부처도 부처일 수 없다는 천태종의 정신은 사실 대다수 중국인들이 행동으로 옮기기에 매우 어려웠다. 그래서 그들은 실천적인 행위를 강조한 천태종보다는 오히려 관념적으로 세계와 삶을 긍정하는 데 도움을 준 화엄종에 더 귀를 기울이게 된다.

6~7세기에 제작된
'이타적 보살'을 묘사한
테라코타

지의가 들려주는 이야기

모든 보살이 일문에 치우쳐서 펼친다. 바수반두는 "아뢰야식은 속제요, 진여(眞如)는 아뢰야식과는 별도로 존재한다"고 말했다. 이 주장이 《유식삼십송》의 요점이다. 그리고 참선을 돕는 방법은 모두 옆에서 《유식삼십송》의 요점을 화려하게 장식하는 역할만을 할 뿐이다. 《중론》에서는 모든 것이 필연적으로 공하다고 주장하니, 공이 요점이고 나머지는 그것을 도우는 방법일 뿐이다……각각의 문마다 다름이 있지만, 진리를 깨치고 보면 다르지 않다. 만약 이러한 뜻을 이해한다면 어찌 서로 싸워서 고통스럽게 모순을 일으키겠는가?

《마하지관》

諸菩薩等, 或偏申一門. 如天親明阿梨耶識, 爲世諦, 別有眞如. 此是論之正主, 禪定助道, 皆是陪從莊嚴耳. 如中論申畢竟空, 空爲論主, 其餘亦是助道耳……因門有殊, 契會不異. 若得此意, 何所乖諍, 苦興矛盾?

 한자 풀이

門(문) : 학파나 문호

天親(천친) : 바수반두

阿梨耶識(아리야식) : 아뢰야식

世諦(세제) : 속제(俗諦)

眞如(진여) : 있는 그대로의 모습

論(논) : 바수반두가 지은 《유식삼십송》

契會(계회) : 진리를 정확하게 깨우치다

乖諍(괴쟁) : 서로 어긋나서 논쟁하다

깊이 읽기

인도 대승불교에는 두 학파가 번성했다. 하나는 삼론종이 중시한 중관불교이고 다른 하나는 법상종이 중시한 유식불교다. 중관불교는 모든 것이 연기하므로 공하다고 주장한다. 반면 유식불교는 제8식인 아뢰야식이 우리로 하여금 자아나 대상에 대한 집착을 낳게 한다고 이야기한다. 그래서 우리는 중관불교가 공, 즉 무를 강조하는 반면, 유식불교는 유에 비중을 두고 있다고 이해하기 쉽다. 그러나 두 불교 전통을 자세히 살펴보면, 유식불교 역시 공을 추구한다는 것을 확인할 수 있다. 지의는 만일 우리가 깨달음을 얻는다면 중관불교와 유식불교가 동일한 깨달음을 지향하고 있다는 점을 알아차릴 것이라고 말한다. 그는 이런 이해를 토대로 중관불교로부터 공, 가, 중의 세 진리가 하나의 전체를 구성한다는 삼제원융설을, 그리고 유식불교로부터 우리 마음은 삼천 가지 세계를 갖추고 있다는 일념삼천설을 주장할 수 있었다.

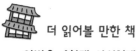 더 읽어볼 만한 책

이병욱, 《천태 사상》(태학사, 2006)

저자는 국내에 몇 안 되는 천태 사상 전문 연구자다. 그러나 이 책은 전문적인 학술 연구서라기보다는 천태종에 관심을 갖고 있는 일반 독자들을 위해 씌어졌다. 중관불교와 유식불교를 넘나들며 복잡하고 난해한 천태종의 체계를 친절하게 설명하려는 저자의 노력이 돋보인다. 천태종의 난해한 내용을 독자들에게 알기 쉽게 전달하기 위해서 저자는 자신의 경험이 묻어나는 적절한 비유를 찾으려고 노력했다.

현해 옮김, 《묘법연화경—방편과 비유의 극치》(민족사, 2002)

《법화경》은 우리나라의 많은 불교 신자에게 가장 강력한 영향을 끼치고 있는 대승불교 경전 가운데 하나로, 어리석은 중생을 위해 여러 가지 방편과 비유를 통해 깨달음의 경지를 이야기해주고 있다. 이 번역서는 오랫동안 천태종을 연구한 옮긴이가 산스크리트 판본을 저본으로 해서 새롭게 번역한 것이다. 이 산스크리트 판본은 티베트에서 발견되었기 때문에 티베트본이라고 불리기도 한다.

제9장

법장—모든 것은 하나이고 하나는 모든 것이다

1. 불교 이론으로 세계를 설명하다

지의가 스승 혜사에게서 《법화경》의 중요성을 배운 후에 천태종을 체계화했던 것처럼 법장(法藏)은 스승 지엄(智儼)에게 《화엄경(華嚴經)》을 배우면서 화엄종을 체계화했다. 스승에게서 이 경전의 세계관을 배우던 중, 법장은 《화엄경》〈입법계품(入法界品)〉의 산스크리트 판본을 가지고 들어온 인도의 승려 식샤난타Śikṣā-nanda(實叉難陀)를 만났다. 식샤난타는 이전에 통용되던 《화엄경》을 새롭게 80권으로 번역하는 작업을 주관하고 있었는데, 서역의 언어와 산스크리트 경전에 능통했던 법장은 이 작업에 참여해 기존 《화엄경》의 오역을 바로잡았다. 그런데 당시 경전의 번역은 궁궐의 후원을 받고 있었으므로, 법장은 측천무후라는 여걸과 만나게 되었다.

법장(法藏, 643~712)은 당나라의 승려로 속성은 강(康)이다. 조상은 서역의 강거국(康居國) 출신이나, 할아버지 때부터 중국의 장안에 살았다. 법장은 스승 지엄(智儼, 602~668)을 죽을 때까지 모시고 공부했다고 한다. 측천무후를 대상으로 궁궐에서 이루어진 30여 회의 화엄 사상 강의로 유명하다.

화엄종은 두순(杜順, 557~640)에게서 시작되어 지엄을 거쳐서 법장에까지 이른다고 이야기하지만, 중요한 것은 화엄종의 체계를 건립한 것이 법장이라는 사실이다. 법장은 자신이 건립한 체계의 정통성을 주장하기 위해서 가까이로는 지엄, 멀리로는 두순에까지 화엄종의 계보를 연장시키고 있다.

식샤난타(Śikṣā-nanda, 實叉難陀, 652~710)는 서역 사람으로 《화엄경》 산스크리트본을 중국에 가지고 들어와 보리류지(Bodhiruci, 菩提流志), 의정(義淨) 등과 함께 번역했다. 이 때 측천무후가 《화엄경》을 번역하는 곳에 직접 와서 서문을 썼다는 일화가 있다.

측천무후(則天武后, 623~705)는 중국 역사상 유일한 여제(女帝)다. 본명은 무조(武曌)다. 당나라 고종(高宗, 649~683)의 비로 들어가 황후에까지 올랐으며 40년 이상 중국을 실제적으로 통치했다.

《화엄경》에 대한 새로운 번역이 완성된 704년, 법장은 궁궐로 들어가 측천무후에게 《화엄경》의 핵심 사상을 강의했다. 법장은 궁궐 안에 있던 금사자, 즉 금으로 만든 사자상을 비유로 들면서 그녀의 신임을 얻어 30여 차례나 화엄 사상을 강의할 기회를 얻었다. 최고 권력자에게 복잡한 화엄 사상의 핵심을 전달하기 위해서 법장의 강의는 불가피하게 간결하고 분명할 수밖에 없었다. 이 강의는 이후 《화엄금사자장(華嚴金獅子章)》으로 정리되는데, 이 저작은 지금도 화엄 사상을 이해하는 데 가장 중요한 단서로 평가받고 있다.

측천무후와 법장의 이 만남을 놓고 화엄종이 측천무후의 권력을

정당화하는 도구로 쓰였다는 주장이 나오기도 하지만, 이것이 사실인지 아닌지는 별개의 문제다. 그러나 천태종이 강력한 구세 의식을 가지고 있던 것과 달리 화엄종은 세계를 관념적으로 사유하는 데 힘을 쏟았다는 점만은 짚고 넘어갈 필요가 있다. 화엄종은 인간을 고통에 빠뜨리는 집착의 문제가 세계에 대한 올바른 이해를 통해서 저절로 없어질 것이라고 믿었다. 그러나 이성적인 이해만으로 고질적인 집착의 문제가 일거에 해소되리라고 본 것은 너무나 낙관적인 생각이다. 바로 이 점에서 화엄종은 구체적인 수행을 강조하는 선종과 달리 이론적 불교를 지향하는 교종의 대표자라고 할 수 있다.

측천무후

2. 연기와 공, 중국적으로 이해하다

《화엄경》에서 '화엄Gaṇḍavyūha(華嚴)'이라는 말은 온갖 꽃을 의미하는 '간다Gaṇḍa(華)'라는 말과 화려한 수식을 의미하는 '뷔하vyūha(嚴)'로 이루어져 있다. 즉 이름 없는 꽃을 포함한 수많은 꽃들이 피어서 세계를 아름답게 장식한다는 의미다. 전 세계의 아름다움을 작은 꽃에서 찾고 작은 꽃의 아름다움을 전 세계의 아름다움에서 찾으려는 화엄 사상 역시 불교의 사유 전통에 속하는 만큼 법장이 불교 사유의 핵심이라고 할 수 있는 두 개념, 즉 연기와 공을

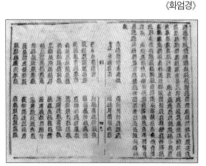

《화엄경》

어떻게 이해하고 있는지를 살펴보는 것이 필요하다. 법장은 연기와 공 개념을 금사자에 비유해서 설명한다.

> 금에는 자기 동일성이 없다. 유능한 장인에 의해서 제작될 수 있는 조건이 뒤따라야만 비로소 사자의 모습이 드러난다. 사자의 모습이 드러나는 것은 다만 조건에 의해서 생겨난 것이다. 이 때문에 연기라고 말한다. 사자의 모습은 허상이고 오직 참된 것은 금뿐이다. 사자는 참으로 존재하는 것이 아니지만 금은 존재한다. 그러므로 그 둘을 형색[色]과 공이라고 부른다. 공은 고유한 형상을 가지지 않으므로 형색에 대비해 말한 것인데, 그렇게 해도 형색이 환상으로 존재하는 사태를 가로막지는 않으므로 형색과 공이라고 말한 것이다.
>
> 《화엄금사자장》

얼핏 보면 금사자는 사자라는 본성을 가지고 있는 것처럼 보인다. 그러나 금사자는 유능한 장인의 기술과 금이라는 재료, 금을 녹일 수 있는 온도 등 여러 조건이 구비되어 만들어진 것이다. 이런 조건 중 어느 하나라도 갖추어지지 않는다면 금사자는 존재할 수 없다. 이렇게 여러 조건이 구비되어야 금사자가 만들어지는 것처럼, 모든 존재는 외적인 조건에 의해 만들어진다. 이것이 바로 법장이 이해한 연기라는 개념의 의미다.

한편 금은 사자의 모습으로 만들어질 수도 있고 토끼의 모습으

로 만들어질 수도 있다. 그러므로 법장은 금 자체는 참되지만 그것으로 만들어진 다양한 모습은 모두 허상이라고 말한다. 그는 어떤 모습도 띠지 않은 순수한 금 자체는 공을 의미하고, 금으로 만들어질 수 있는 다양한 모습이 형색을 상징한다고 이해하고 있다.

불교에서 가장 중요한 개념인 연기는 의존적으로 발생한다는 의미를 가지고 있다. 일반적인 불교 이론에 따르면 모든 것은 자신의 힘으로 발생하는 것이 아니라, 직간접적인 원인이나 조건에 의해 의존적으로 발생한다. 따라서 모든 존재는 어떤 자기 동일성도 가질 수 없다. 그래서 나가르주나는 연기를 통해서 공을 이야기한다. 다시 말해 어떤 존재가 공하다는 것은 그것이 연기했다는 것이고 반대로 어떤 것이 연기했다는 것은 그것이 공하다는 의미다.

그러나 이와 달리 법장에게 연기와 공은 같은 차원의 것이 아니다. 그에게는 순수한 금 자체가 공을 상징하고, 순수한 금 외에 외적인 조건이 구비되어 금사자가 만들어지는 과정이 연기를 의미했다. 간단히 말해서 금 자체가 공이라면 금사자가 만들어지는 과정이 연기라는 것이다. 법장의 이런 생각은 전통적인 불교 사유와는 상당히 다르다.

《화엄경》에 나오는 비로자나불

3. 너무나도 중국적인 법장의 화엄 사상

법장의 화엄 사상이 불교 철학 전통에서 멀어지게 된 이유는 그가 '연기=공'이라는 싯다르타와 나가르주나의 원리를 따르지 않기 때문이다. 그에게 있어 공은 모든 것으로 구체화될 수 있는 순수한 잠재성이나 가능성을, 그리고 연기는 이런 공이 외적인 조건에 의해 형체를 갖고 실현되는 것을 의미한다. 법장의 이런 생각은 그가 소승불교와 최초의 대승불교를 구분할 때 더욱 분명하게 드러난다.

"비록 사자가 인연으로 말미암아 존재하여 찰나찰나 생성하고 소멸할지라도 진실로 취할 만한 사자의 형상은 없다." 이것을 어리석은 소승의 가르침이라고 말한다. "조건에 따라 생성되는 여러 현상은 각기 자기 동일성이 없으므로 철저하게 공할 따름이다." 이것을 대승의 처음 가르침이라고 말한다.

《화엄금사자장》

법장에 따르면 소승불교는 연기의 과정만을 진리라고 주장했다. 다시 말해서 그들은 금사자가 외적인 조건에 의해 생성하고 소멸하는 현상에만 주목했다는 말이다. 반면 대승불교는 연기라는 현상을 파악하는 데 그치지 않고 공이라는 순수한 잠재성과 가능성의 세계를 발견했다. 법장은 이 점에서 대승불교가 소승불교보다 탁월하다고 말한다. 이는 법장이 당시의 대승불교인 삼론종과 법상종, 즉 나가르주나의 중관불교와 바수반두의 유식불교를 소승불교보다 우위에 두었음을 보여준다. 앞의 글에서 대승불교를 개시한 최초의 가르침 즉 시교(始敎)로 정의한 것 역시 삼론종과 법상종을 가리킨다. 그런데 법장이 연기보다 공을 강조하면 할수록 그의 사상은 싯다르타의 초기 불교 사상에서 멀어지게 되었다. 연기란 구체적인 경험 세계에서는 이해할 수 있지만, 연기라는 현상을 떠나서 이해되는 공은 불변하는 실체로 변질되기 때문이다. 이는 법장의 화엄 사상이 사변적 형이상학으로 기울고 있음을 보여준다.

한편 화엄종과 함께 당시 중국 불교계를 지배하고 있던 천태종에 대해 법장은 어떻게 생각했을까.

"철저히 공하다고 할지라도 '환상적인 존재'가 분명히 있다는 것을 가로막지 않아서 인연에 따라 '임시적인 존재'가 생

겨나니, 공과 존재의 두 모습이 모두 존재한다." 이것이 대
승의 마지막 가르침이다.

《화엄금사자장》

　대승의 마지막 가르침은 바로 천태종을 가리킨다. 사변에 빠진
법장에게 천태종은 공과 가라는 두 가지 진리를 파악하고 있는 대
승불교의 한 종파에 불과했다. 그의 생각에 따르면 천태종은 공과
존재를 나눔으로써 공의 진리와 가의 진리를 별개로 설정하고 있
다. 그래서 법장은 천태종에게 있어서 "공과 존재의 두 모습이 모
두 존재한다"고 이야기한 것이다. 그러나 천태종은 공과 가를 하
나의 전체로서 통합되어 있는 것으로 사유한 것이지, 법장의 생각
처럼 둘을 별개의 진리로 설정한 것은 아니다. 천태종에 따르면 깨
달음이란 모든 것이 연기하기 때문에 공하다는 것을 이해하는 것
이다. 천태종은 깨달음을 통해서 현실 세계를 구제하고, 반대로 현
실 세계를 구제함으로써 깨달음을 완성하려 한 실천적인 종파다.
이것이 바로 천태종을 완성한 지의가 공의 진리와 가의 진리를 포
섭하여 중의 진리로 수렴하려 한 이유이기도 하다. 그러므로 천태
종은 싯다르타나 나가르주나의 충실한 계승자다. 왜냐하면 천태
종에 있어 공의 진리는 여전히 연기하는 현상 세계와 불가분의 관
계에 있는 것으로 사유되기 때문이다.
　천태종에 대한 법장의 견해를 살펴봄으로써 우리는 그가 체계화
한 화엄 사상이 싯다르타나 나가르주나의 입장과는 어느 정도 거
리를 두고 있다는 것을 알 수 있다. 화엄 사상은 공을 하나의 순수

한 질료로서 파악함으로써 불교의 공 논리가 가진 철학적 의미를 희석시키고 있다. 천태종과 화엄종은 모두 중국화된 불교 사상을 상징한다. 그러나 두 종파 사이에는 간과하기 힘든 차이가 있다. 천태종이 불교의 근본 입장을 나름대로 견지하려고 한 것과 달리, 화엄종은 불교의 핵심 가르침에서 상당 부분 이탈해 있다.

4. 현상 세계의 모든 존재를 긍정하다

이제 법장은 자신이 체계화한 화엄 사상이 어떻게 천태종과 달라지는지를 보여준다. 미리 이야기하자면 법장에게서 화엄 사상은 천태 사상보다 우월한 불교 사상, 천태 사상을 포괄하는 불교 사상이다. 화엄 사상은 '순수한 금 자체'에서 '사자의 모습' 이외에 거의 무한에 가까운 '모습들'이 가능하다는 것을 통찰하고 있기 때문이다. 이제 직접 법장이 화엄 사상을 어떻게 설명하고 있는지 살펴보자.

> "참된 것이 다해 본체가 드러난 것은 모두 하나로 뒤섞여 구분할 수 없는 덩어리를 이룬다. 커다란 작용이 다투어 일어나니 일어나는 것마다 모두 참되다. 모든 현상은 대단히 혼잡하지만 서로 혼합해도 자기 동일성을 잃지 않는다. 일체는 곧 하나니〔一切卽一〕 일체와 하나는 모두 자기 동일성을 가지지 않는다. 하나는 곧 일체니〔一卽一切〕 원인과 결과가 분명하게 드러난다. 하나의 힘과 여럿의 작용은 서로를 포괄하고, 그것의 '말고 펼침〔卷舒〕'이 자유롭다." 이것을 일승(一乘)의 완전한 가르침이라고 한다.
>
> 《화엄금사자장》

 일승(一乘)이란 글자 그대로 하나의 수레만 있다는 주장이다. 물론 여기서 수레란 중생을 미혹으로부터 구제해서 깨달음으로 이끄는 가르침을 말한다. 이 말은 중국화된 불교인 천태종이나 화엄종은 모두 자신들의 가르침이 절대적인 하나의 수레라고 주장하면서 비롯되었다. 이것은 자신들의 가르침이 모든 중생들을 실을 수 있을 정도로 크다는 선언이기도 하다.

법장의 화엄 사상을 이해하는 데 관건이 되는 것은 그가 공 개념을 하나의 순수한 잠재성으로 사유했다는 점이다. 예를 들어 순수한 금 자체를 생각해보자. 법장은 금이 사자나 토끼나 원숭이로 변화될 수 있다는 것에 주목한다. 그렇다면 금사자는 사자의 모습만을 펼치고 있지만, 토끼, 원숭이 등의 모습을 잠재적으로 말아가지고 있다고도 말할 수 있다. '말고 펼침'이 가장 자유로운 것이 곧 화엄 사상이라는 법장의 이야기는 바로 이런 의미를 담고 있다.

모든 존재자는 하나의 순수한 잠재성으로부터 펼쳐진다. 이것이 바로 '일체가 곧 하나다'라는 말의 의미다. 반면 이 순수한 잠재성은 모든 존재자를 '말고' 있다고 볼 수 있다. 이것이 바로 '하나가 곧 일체다'라는 말의 의미다. 이런 논리에 따르면 모든 존재자는 전체 세계를 말고 있고, 반면 전체 세계는 다양한 존재자로 현실화

되는 것으로 이해된다. 마치 금사자 안에 금토끼, 금원숭이 등의 잠재성이 존재하고 있듯이 말이다.

화엄종을 신봉하던 학자들은 이런 논리에서 현실 세계 속의 모든 것을 긍정할 수 있는 힘을 발견한다. 그들은 화엄 사상이 나가르주나, 바수반두 그리고 천태종마저 극복한 최고의 불교 이론이라고 자랑한다. 법장의 제자였던 징관(澄觀)은 자신의 《화엄법계현경(華嚴法界顯鏡)》에서 화엄 사상에 대한 자신감을 사법계(四法界) 이론으로 밝힌 적 있다.

징관의 이론은 스승 법장의 화엄 사상을 정리한 것이며, 현재도 화엄 사상을 이해하거나 설명하는 데 중요한 전거로 사용되고 있다. 징관이 법계를 분류할 때 사용되는 개념은 크게 네 가지다. 첫 번째는 사(事)라는 개념인데, 이것은 현상 세계나 사태를 가리킨다. 두 번째는 이(理)라는 개념인데, 이것은 불교의 진리, 즉 공을

징관(澄觀, 737~838)은 법장과 함께 화엄종을 대표하는 불교 사상가다. 그러나 그는 다른 불교 종파의 가르침에 개방적이었다. 그래서 그런지 징관의 화엄 사상에서는 중관불교, 선불교, 천태종 등의 다양한 불교 종파의 흔적이 보인다.

사법계 이론

법계의 종류	핵심 주장	중심 교파
사법계(事法界)	연기하는 현상 세계는 가의 세계다	소승불교
이법계(理法界)	현상 세계의 본질은 공이다	중관불교 유식불교
이사무애법계 (理事無碍法界)	현상 세계에서 가와 공은 모순되지 않는다	천태종
사사무애법계 (事事無碍法界)	현상 세계의 모든 것은 서로 모순되지 않는다	화엄종

가리킨다. 세 번째는 무애(無碍)라는 개념인데, 이것은 문제가 되는 두 상황이 서로 상충되지 않는다는 것을 의미한다. 마지막 네 번째는 법계라는 개념인데, 이것은 수행의 단계에 따라 보이는 세계의 모습을 가리킨다. 징관은 화엄 사상을 '사사무애(事事無碍)'의 법계를 보는 최상의 진리라고 설명한다. 그에 따르면 화엄 사상은 '구별되어 보이는 두 가지 사태가 사실 서로 모순되지 않는다'는 점을 직관하는 것이다.

아직까지도 많은 사람들이 이런 화엄 사상의 정신을 불교의 근본정신인 것처럼 과장하기도 한다. 그러나 우리는 화엄 사상이 나가르주나의 연기, 공, 가라는 개념에 대한 사변적 이해 혹은 형이상학적 오해에서 발생한 것임을 주목해야 한다. 나가르주나에게 있어 이 세상의 모든 존재자는 연기하여 발생한 것이기 때문에 공하다. 그러므로 연기를 정확하게 이해하면 모든 존재에 집착하지 않을 수 있다. 그러나 연기하여 발생한 존재자 역시 일시적이나마 존재하므로 개념적으로는 충분히 인식되고 언급될 수 있다. 반면 화엄 사상에서는 연기하는 현상 세계와는 구별되는 공의 근원적 잠재성을 전제하고 있다. 모든 구체적 형상이 변화 가능성을 지니고 있음에도 불변하는 공의 세계가 방해받지 않고 존재함을 강조하는 법장의 논리는 이로써 가능했던 것이다.

5. 불교 형이상학의 완성과 한계

법을 가르치고 있는 부처

화엄종을 체계화한 법장의 철학은 징관이 밝힌 것처럼 사사무애라는 경지로 요약될 수 있다. 이 경지는 이 세상의 모든 존재는 그 자체로 독립해서 존재하는 것이 아니라 다른 모든 것과 하나의 전체를 이루면서 존재한다는 말이다. 법장이 자주 예로 드는 그물의 비유를 살펴보자. 그물은 그물 줄을 종과 횡으로 교차해서 만든 것이다. 따라서 그물에는 그물 줄이 교차하는 그물코가 있기 마련이다. 모든 존재는 이 그물코와 같다. 한 그물코를 잡아끌면 전체 그물이 딸려 오듯, 한 그물코가 풀리면 모든 그물이 풀어지듯, 이 세계의 모든 존재는 서로 복잡하게 연루되어 하나의 전체를 구성하고 있다. 이런 입장에서 법장은 '일즉다 다즉일' 이라는 말로 자신의 화엄 사상을 선전했다. 분명 법장은 화엄 사상을 통해서 불교 형이상학을 완성하는 데 성공했다. 그러나 그 대가로 불교의 힘이라고 할 수 있는 치열한 자기 극복의 의지는 상당히 희석되고 만다. 어쨌든 불교는 고통에 대한 인간 개개인의 치열한 자기 싸움이기 때문이다.

이런 점에서 볼 때 법장의 화엄 사상은 인도에서 유래한 불교 철학에서 상당히 이탈한 것이라고 이야기할 수 있다. 이전의 불교 철학에서는 고통의 원인이 집착에 있다는 사실에 이견이 없었다. 그러나 법장은 모든 개인적 고통은 자신이 고립된 개인이 아니라 전체의 일부분이라는 사실을 망각했기 때문에 발생하는 것이라고 보았다. 이런 발상에 따르면 개인의 실존적 고통과 해소라는 문제 의식은 무시될 수밖에 없다. 화엄 사상이 일종의 전체주의적 정치 이념을 정당화하는 논의로 쉽게 변질될 수 있었던 것은 바로 이 때문이다. 당시의 실권자 측천무후가 법장에게 화엄 사상 강의를 들었다는 사실, 그리고 일본 제국주의 시대에 천황이 스즈키 다이세츠(鈴本大拙)라는 불교학자에게서 《화엄경》을 배웠다는 사실은 이와 무관하지 않을 것이다.

스즈키 다이세츠(鈴本大拙, 1870~1966)는 선불교를 세계적으로 유행시킨 유명한 학자다. 그는 세계 위기의 근원을 서양적인 합리주의에 있다고 진단하고 그 대안으로 동양적인 지혜를 역설해 세계적으로 많은 반향을 불러일으켰다. 한때 미국의 호텔에는 성경과 함께 그의 선불교 서적들이 비치되었을 정도였다고 한다.

법장이 들려주는 이야기

　　조화의 추세는 자성이 없음으로 말미암아 통하게 되고, 자연스러운 모습은 연기로 말미암아 생성될 수 있다. 하나와 여럿은 완전히 서로 포섭하니 하나의 조그마한 티끌만 보아도 전체가 갑자기 나타나며, 이것과 저것이 서로 받아들이니 가느다란 머리카락 하나만 보아도 모든 사물이 함께 나타난다.

《화엄의해백문(華嚴義海百門)》

　　鎔融之勢, 因無性以得通. 任運之形, 因緣起以得會. 一多全攝, 窺一塵所以頓彰. 彼此相收, 瞻纖毫以之齊現.

한자 풀이

鎔(용) : 녹다　　　　　　　　　瞻(첨) : 보다

攝(섭) : 포섭하다　　　　　　　纖(섬) : 가느다란

窺(규) : 보다　　　　　　　　　毫(호) : 가느다란 털

彰(창) : 드러나다　　　　　　　齊(제) : 모두

 깊이 읽기

법장은 《화엄의해백문》에서 화엄불교를 백 가지로 분류하여 체계화하고 있다. 앞의 글은 화엄 사상의 구호, 즉 '일체는 곧 하나이고 하나는 곧 일체다'라는 주장을 상징적으로 묘사한 것이다. 이 글은 조그마한 티끌이나 가느다란 털끝에도 전체 우주가 담겨 있다고 주장한다. 만약 산속의 이름 모를 꽃이 시드는 것을 보고도 전체 우주가 시드는 것처럼 느낀다면 이는 동정과 자비로 이어질 수 있다. 그러나 이런 낭만적인 합일의 의식은 주체의 적극적인 판단과 실천 의지를 무화시킴으로써 역설적이게도 맹목적인 복종과 굴종을 낳는 전체주의적 사유로 흐를 위험에 노출되어 있다. 불교 특유의 자비심을 발현할 것인지 아니면 무비판적인 전체주의로 흐를 것인지의 여부를 이론적으로 결정하지 못했다는 점이 화엄 사상이 가진 맹점 가운데 하나다.

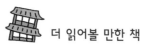 더 읽어볼 만한 책

김지견 옮김, 《작은 경전 화엄경》(민족사, 2000)

이 책은 《화엄경》을 축약 형식으로 번역한 것이다. 불교학자로 명성이 자자한 옮긴이의 탁월한 안목 덕분에 《화엄경》의 진수를 충분히 맛볼 수 있다. 《화엄경》의 하이라이트는 제일 마지막 부분에 있는 〈입법계품〉이라고 할 수 있다. 마음속의 화려한 꽃을 피우기 위해 구도의 길을 나서는 선재동자의 이야기는 마치 동화처럼 재미있고 감동적으로 전개되어 아직도 많은 불교도의 시선을 사로잡고 있다.

다마키 고시로,《화엄경》, 이원섭 옮김(현암사, 2001)
이 책은 방대한《화엄경》의 사유 세계를 크게 다섯 가지 내용으로 간추려서 설명하고 있는 일종의 해설서다. 첫째는《화엄경》이 다른 불경과 어떻게 다른가를 핵심만 추려 설명한 '세계관', 둘째는 화엄종이 숭상하는 비로자나불의 세계를 묘사한 '부처의 세계', 셋째는 보살의 자기 수행과 이타 행위를 항목별로 나눈 '보살의 인생행로', 넷째는 부처가 되기 위한 다차원적인 수행 방법을 소개한 '보살에서 부처로', 다섯째는 보살의 구도 정신을 살펴본 '영원한 구도'다. 이 책을 통해 독자들은《화엄경》의 사상뿐만 아니라 화엄종의 사유를 이해하는 첫걸음을 어렵지 않게 뗄 수 있을 것이다.

혜능—삶 속에서의 깨달음 그리고 깨달음 속에서의 삶

제10장

1. 선종, 이론에서 자기 수행으로

길장의 삼론종과 현장의 법상종은 기본적으로 인도 불교 전통을 정확히 이해하려는 노력의 과정으로, 일종의 수입 불교라고 할 수 있다. 반면 지의가 창시한 천태종과 법장이 체계화한 화엄종은 상당히 중국화된 불교 혹은 중국에 뿌리를 둔 중국적 불교라고 할 수 있다. 그러나 천태종이나 화엄종은 여전히 이론적 이해에 더 비중을 둔 불교다. 그래서 천태종이나 화엄종은 교종 즉 이론 불교로 분류된다. 그런데 이제 이와는 대립되는 사상, 즉 이론의 이해보다는 치열한 자기 수행을 강조했던 불교 종파가 등장한다. 바로 혜능(慧能)으로 대표되는 선종이다. 선종은 '불립문자(不立文字)', '교외별전(敎外別傳)'이라는 말을 통해 이론 지향적인 교종의 문제점을 비판하면서 출현하게 된다. 불립문자란 언어적 표현을 내세우

혜능(慧能, 638~713)은 당나라의 승려로 속성은 노(盧)이며, 시호는 대감선사(大鑑禪士), 육조대사(六祖大師)라고도 한다.

국미디
프로그램

달마(達磨, ?~?)의 뒤를 이어 제2조 혜가(慧可), 제3조 승찬(僧璨, ?~606), 제4조 도신(道信, 580~651) 그리고 제5조 홍인(弘忍, 601~674)을 거쳐서 마침내 혜능에게까지 이르게 된다. 그래서 혜능을 선종에서는 육조대사라고 부른다.

신수(神秀, 605?~706)는 당나라 중기 측천무후, 중종, 예종 3대에 걸쳐 국사를 지낸 승려다.

지 않고 직접 맑은 마음을 깨달아 모든 집착에서 벗어나자는 선종의 입장을 표현한 것이다. 또한 교외별전은 싯다르타의 깨우침이 언어나 문자의 형태로 전달되는 것이 아니라 마음의 깨달음으로 전달된다는 입장을 표방한 것이다.

선종에 따르면 싯다르타의 깨달음은 수십 단계를 거쳐서 자신들이 제1조로 숭배하고 있는 달마(達磨) 선사에까지 이르게 된다. 달마로부터 이어지는 선종의 가르침은 마침내 제5조인 홍인(弘忍)이 이어받게 된다. 그에게는 혜능 이외에 탁월한 제자가 한 명 더 있었다. 그가 바로 신수(神秀)인데 그는 법장과 마찬가지로 측천무후에게 초빙되어 대통선사(大通禪師)라는 시호를 받을 정도로 유명한 인물이다. 혜능이 중국 남쪽에서 선종의 가르침을 편 것과 달리, 신수는 중국 북부에서 선종의 가르침을 편다. 그래서 선불교는 흔히 혜능의 남종선(南宗禪)과 신수의 북종선(北宗禪)으로 양분되어 이해된다. 그러나 남종선이 중국 선종의 주류가 되면서 한때 유행했던 신수의 북종선은 점차 소멸되는 비운을 겪게 된다. 혜능의 남종선의 특성을 보여주는 자료로는 그의 제자 법해(法海)가 기록했다고 하는 《육조단경(六祖壇經)》이 있다. 이 책에는 혜능이 선종의 제5조 홍인에게 인정을 받아 제6조가 되는 일화와 그가 중국 남부에서 행했던 설법이 담겨 있다.

《육조단경》의 일화를
묘사한 그림

2. 혜능이 신수를 이긴 이유

《육조단경》은 다소 난해한 책이지만 혜능이 추구한 선불교 이론의 전모를 밝히고 있다. 그런데 혜능의 개성과 선불교의 특성을 이해하는 데 있어 도움을 주는 것은 선불교에 대한 이론적인 설명이라기보다 오히려 혜능에 대한 일화다. 혜능의 선불교 이론을 직접 분석하기 전에 그와 관련된 유명한 일화를 먼저 살펴보려는 것은 이 때문이다. 이 일화는 혜능이 어떻게 깨달음을 인정받게 되었는지를 잘 보여주고 있다.

젊은 시절 혜능은 장작을 팔아서 생계를 이을 정도로 가난했다고 한다. 그러던 어느 날 장작을 지고 시장에 나갔다가 한 객승이 《금강경(金剛經)》을 독송하는 것을 듣게 된 혜능은 불교에 귀의할 뜻을 굳히고, 당시 중국 불교의 중심지였던 중국 북부로 가서 선종의 제5대 조사로서 명망이 높은 홍인의 문하에 들어갔다. 《육조단경》에 따르면 661년 혜능이 홍인의 문하에 들어온 지 8개월가량 지났을 때 홍인은 관례대로 제6조가 될 만한 사람을 선택하고자 한다. 그래서 제자들에게 각자의 깨달음을 벽에 써보라고 권한다. 그러자 제자 중 가장 신망이 높고 또 지혜로웠던 신수가 다음과 같은 시를 벽에 써놓는다.

불교에서 보리수는 부처의 지혜를 상징한다. 부처는 어느 나무 아래에서 깨달음을 얻었는데 이후 그 나무는 보리수라고 불리게 된다. '보리'라는 말은 '깨달음'을 뜻한다.

> 이 몸이 바로 보리수
> 마음은 맑은 거울.
> 날마다 힘써 깨끗이 닦아야 하리라!
> 먼지가 앉지 않도록.
>
> 《육조단경》

그러자 나무를 지고 오던 일자무식의 혜능이 시를 듣고 웃으면서, 주위에 있던 다른 제자에게 다음과 같은 뜻의 글을 써달라고 부탁한다.

> 보리는 본래 나무가 아니며
> 맑은 거울에는 (거울의) 틀이 없다.
> 본래 아무것도 없는데,
> 어디에 먼지가 모이겠는가!
>
> 《육조단경》

결국 홍인은 혜능에게 자신의 가사와 식
기를 넘겨준다. 그런데 도대체 왜 홍인은
혜능이 더 깨달음을 얻은 자라고 판단하게
된 것일까? 두 시를 비교해보면 신수가 마
음을 자기 동일적인 실체로 이해하는 것과
달리, 혜능은 마음을 실체적인 것으로 인정
하지 않았다는 사실을 알 수 있다.

보리수

이해를 돕기 위해 예를 하나 들어보자. 어떤 사람은 집에 먼지가
앉지나 않을까 하는 근심 걱정으로 집에 있을 때면 언제나 청소를
하고 또 청소한다. 반면 다른 사람은 먼지가 앉는 것은 당연한 일
이라고 여겨서 가끔 손님이 올 때나 시간이 남을 때 청소를 한다.

달마

전자가 신수라면 후자는 혜능이다. 그런데 그들은 왜 집을 청소하는가? 전자는 그 이유를 알지 못한다. 그저 집은 깨끗해야 한다는 강박관념으로 청소를 할 뿐이다. 하지만 후자는 그 이유를 알고 있다. 그는 집을 자신이 쉬는 곳이자 손님과 더불어 이야기하는 곳으로 여기기 때문에 가끔 정리정돈을 해줄 필요가 있다고 생각한다.

신수의 이야기가 아무리 멋있어 보여도 사실 신수는 불교에서 경계하는 집착의 지배를 받고 있는 것에 지나지 않는다. 혜능은 시를 통해서 신수가 얼마나 집착에 사로잡혀 있는지를 비판한 것이다. 혜능에 따르면 신수는 왜 마음을 닦는지 알지 못한다. 그저 이전의 부처들과 선배 스님들이 수행을 했기 때문에 자신도 수행을 할 뿐이다. 그러므로 신수의 생각에는 도대체 마음이 무엇인지에 대한 숙고가 빠져 있다. 그런데도 신수는 그저 맑은 거울 자체만을 지고한 목적으로 생각하고 있다. 왜 우리가 마음을 닦아야만 하는지 신수는 알지 못한다. 그렇다면 신수의 이런 착각은 어디에 기원하는 것일까? 그것은 그가 마음을 실체적인 것으로 이해했기 때문이다. 이에 대해 혜능은 '거울에는 틀이 없다'는 말로 마음을 실체적으로 보려는 생각을 비판한다.

신수의 시가 아무리 멋있어 보여도 그의 생각은 불교에서 경계하는 집착의 지배를 받고 있는 것에 지나지 않는다. 신수는 왜 거울을 닦아야 하는지를 알지 못한 채 그저 맑은 거울 자체만을 지고의 목적으로 여기고 거울을 닦는다. 이는 왜 마음을 닦는지는 알지 못한 채 수행을 하는 것과 마찬가지다.

3. 사물에 집착하지 않으면 마음이 산란해지지 않는다

싯다르타 이래 불교는 인간의 모든 고통이 집착에서 유래한다고 진단하고, 이 집착을 뿌리 뽑기 위해 노력했다. 집착을 해소하는 방법에는 크게 세 가지가 있는데, 바로 계(戒), 정(定), 혜(慧)다. 계가 승려 집단의 계율을 지키는 공부라면, 정은 내면의 집착을 없애는 참선 공부이고, 혜는 모든 것이 연기하기 때문에 공한 것임을 지적으로 이해하는 공부다. 이 중 논리적으로 무엇보다도 우선해야 할 것이 혜다. 집착의 기원이 무엇인지 알지 못한다면, 그로부터 시작되는 참선 공부는 방향을 잃을 수밖에 없다. 그러나 비록 혜라는 지적인 공부를 통해서 집착의 기원이 무엇인지를 명확히 이해했다고 하더라도, 수행자가 그 기원을 뿌리 뽑겠다는 절실한 의지와 실천이 없다면 무슨 소용 있겠는가? 이 점에서 집착을 실제로 없앤다는 측면에서 가장 중요한 것이 정이다. 논리적으로는 혜가 정보다 우선하지만, 실천적으로는 혜보다 정이 더 중요하다.

혜를 강조한 교종과 달리 선종은 정을 강조하면서 개인적이고 실존적인 수행을 강화했지만, 그렇다고 혜능이 혜를 철저하게 무시했던 것은 아니다. 정과 혜라는 두 가지 공부 중 어느 하나도 소홀히 할 수 없다는 것이 그의 입장이다. 인간의 고통과 집착 그리고 공에 대한 올바른 이해가 없다면 참선은 맹목적인 수행에 지나지 않고, 치열한 참선 공부 없이 이루어지는 불교 이론에 대한 지적인 이해는 관념적 유희에 지나지 않는다.

그럼에도 혜능이 객관적인 지적 이해보다 주체적인 참선 공부를 선호했다는 것은 숨길 수 없는 사실이다. 먼저 참선 공부에 대해 그가 어떻게 이해하고 있는지 살펴보자.

> 무엇을 선정(禪定)이라고 하는가? 밖으로 모든 사물의 모양을 볼지라도 모양에 집착하지 않는 것을 선이라고 하고, 안으로 마음이 산란해지고 흩어지지 않는 것을 정이라고 한다. 만약 밖으로 사물의 모양에 집착하면 곧 안으로 마음이 산란해지고 흩어질 것이다. 만약 밖으로 사물의 모양에 집착하지 않으면, 안으로 본성이 산란해지지 않을 것이다. 본성은 본래 청정한 것이기 때문에 저절로 안정된다. 그러나 마음이 사물의 모양을 보기 때문에 경계에 매달려 집착하고, 경계에 매달려 집착하면 마음이 산란해진다……밖으로는 사물의 모양에 집착하지 않는 것이 선이요, 안으로 마음이 산란해지지 않는 것이 정이다. 밖으로는 선이요 안으로는 정이기 때문에 선정이라고 말한다.
>
> 《육조단경》

사실 선정이라는 말은 참선을 뜻하는 산스크리트 '드야나dhyā-na'를 음역한 선나(禪那)에서 유래한 것이다. 그렇다면 이 말은 그 자체로 정이라는 참선 공부를 의미했다고 보아야 한다. 그런데 혜능은 선정이라는 개념을 선과 정이라는 두 측면으로 나눠서 설명하고 있다. 그에 따르면 선은 "밖으로 모든 사물의 모양을 볼지라도 모양에 집착하지 않는 것"이고, 정은 "안으로 마음이 산란해지고 흩어지지 않는 것"이다. 그러나 선과 정은 별개의 참선 방법이 아니라 하나로 수렴된다. 혜능은 마음이 산란해지고 흩어지지 않도록 하기 위해서는 반드시 사물의 모양에 집착하지 않아야 한다는 점을 강조한다. 다시 말해 선이 확보되어야만 정이 확보될 수 있다는 것이다. 하지만 그 반대는 가능하지 않다.

여기서 우리는 혜능이 신수를 비판한 진정한 이유를 발견하게 된다. 앞서 살펴본 것처럼 비판의 표면적인 이유는 신수가 맑은 마

음이 하나의 실체인 것처럼 집착했다는 것이다. 그러나 더 중요한 이유는 다른 데 있다. 신수는 우리의 구체적인 삶이 외부 사물과 연루될 수밖에 없다는 점을 간과했다. 외부의 자극이 없을 때 마음을 안정하고 고요하게 하는 것은 어렵지 않다. 그러나 외부의 사건이나 사물이 마음을 어지럽힐 때도 안정과 평정을 유지할 수 있는가? 혜능은 신수에게 이런 질문을 던진 것이다. 사실 홀로 있는 공간에서 수행하는 참선 공부로 마음을 안정시키는 것은 쉬울지 모른다. 그러나 타자와 더불어 살아갈 수밖에 없는 삶의 공간에서 마음의 안정은 결코 쉽게 달성될 수 있는 것이 아니다.

4. 세계 속에서 초월을 꿈꾸다

우리는 살면서 집착하고, 또한 집착에서 연유하는 수많은 고통으로 인해 괴로워한다. 그렇다면 이런 고통의 세계에서 구원받으려면 현실을 등져야만 할까? 혜능에 따르면 우리가 살아 있는 한 그것은 불가능하다. 고통과 집착의 세계를 극복하기 위한 그의 해법은 다음과 같은 간단한 비유로 설명된다. 땅에 넘어진 자는 그 땅 위에서 일어서야 한다. 우리는 현실 세계에서 집착으로 괴로워하지만 또한 이 세계 속에서만 자유를 얻으려고 노력할 수 있다는 말이다.

혜능은 자신의 이런 통찰을 무념행(無念行)이라는 개념으로 설명한다. 무념행이란 집착이 없는 삶을 의미하는데, 그에게 있어 이

것은 삶 속에서의 참선 혹은 참선 속에서의 삶을 통해서만 가능하
다. 그의 이야기를 직접 들어보자.

만약 자신의 본마음을 깨달으면 이것이 곧 해탈이다. 일단
해탈을 얻으면 이것이 곧 반야삼매(般若三昧)이다. 반야삼매
를 깨달으면 이것이 곧 무념이다. 어떤 것을 무념이라고 하
는가? 무념이란 모든 대상을 보면서도 그것에 집착하지 않
는 것이며, 모든 장소를 두루 다니면서도 그것에 집착하지
않는 것이다……육진(六塵)의 경계 속에 있으면서도 이것과
떨어지지도 않고 물들지도 않으며 가고 오는 것이 자유로운

'반야(般若)'라는 말
은 '지혜'라는 의미
이고, '삼매(三昧)'라는 말은
참선을 통해 얻어진 '황홀경'
을 의미한다. 따라서 반야삼매
란 '집착을 완전히 제거해서
생겨난 심리적 황홀경'을 의
미한다.

육진(六塵)은 눈, 귀, 코, 혀, 몸이라는 감각기관과 의식이라는 사유기관의 대상인 색깔, 소리, 향기, 맛, 촉감 그리고 개념으로 설명되는 현실 세계를 가리키는 것으로, 중생의 참된 마음을 더럽히는 것을 뜻한다.

것이 반야삼매이며 자유자재한 해탈이니, 이것을 무념의 행동이라고 한다. 모든 것을 마음에 두지 않으려면 생각을 끊어야 한다고 하지 말라. 이것은 곧 불법에 속박된 것이며, 한쪽에 치우친 편견이다. 무념의 불법을 깨닫는 사람은 모든 대상에 통달할 수 있다.

《육조단경》

흔히 무념이라는 말은 세상으로부터의 초월로 오해하기 쉽다. 그러나 혜능이 말하는 무념은 신비한 초월의 경지가 아니라, 세계와 새롭게 관계 맺기 위해서 집착을 벗어던지자는 의미에서 제안된 것이다. 그래서 그는 "무념이란 모든 대상을 보면서도 그것에 집착하지 않는 것"이라고 말한다.

무념은 결코 그 자체가 목적이 아니다. 그것은 집착 없는 삶, 고통 속에 허우적거리지 않는 삶을 위해 모색된 것이다. 그래서 그는 "육진의 경계 속에 있으면서도 이것과 떨어지지도 않고 물들지도 않으며 가고 오는 것이 자유로운 것"이 무념행이라고 설명한다. 즉 현실 세계와 떨어져서도 그리고 그곳에 물들어서도 안 된다는 말이다. 현실 세계와 떨어진다는 것은 고독한 내면에 침잠하는 것이고, 현실 세계에 물든다는 것은 집착을 통해 세계와 관계하는 것이다. 이를 통해 우리는 선불교가 지향하는 무념의 실천이 '일상 속에서의 초월'이지 '세상 밖으로의 초월'이 아니라는 점을 명확히 이해할 수 있다.

혜능을 기리기 위한 사원

5. 불교, 대중화되다

선종이 중시한 것은 인간과 세계에 대한 이론적 조망이 아니다. 진정으로 중요한 것은 집착을 제거하려는 실제적인 노력, 치열한 자기 수행이다. 혜능의 선불교 사상이 이전 불교 전통과 분명하게 달라지는 점은 그가 세상과 동떨어진 채로 수행되는 관념적인 마음 공부를 거부했다는 사실이다. 이렇게 수행하여 이루어진 마음의 안정과 평화란 구체적인 삶 속에서는 어느 때고 무너질 위험성을 가지고 있다. 따라서 혜능은 구체적인 삶의 현장에서 마음의 안정과 평화를 확보해야만 진정한 부처가 될 수 있다고 역설한다.

그러나 혜능이 죽은 뒤 당나라 중기부터 송나라 초기까지 선종은 작게는 다섯 가지, 크게는 일곱 가지로 갈라지게 된다. 이것이 바로 오가칠종(五家七宗)이라는 남종선 분파다. 물론 이런 분파는 선종 내부의 이념적 모순 때문이 아니라 스승이 제자들을 가르치는 방법에 차이가 있기 때문에 발생한 것이다. 다시 말해 선종의 다양한 분파는 단지 집착에서 벗어나기 위한 새로운 방법이 개발되었다는 측면에서 차이가 나는 것이다.

그런데 수행의 목적이라는 면에서 선불교는 싯다르타의 초기 불교나 나가르주나의 중관불교, 바수반두의 유식불교의 통찰에서 벗어난 사유 전통이 아니다. 오히려 천태종이나 화엄종처럼 중국화된 불교에서 벗어나 싯다르타가 설교했던 고통과 집착의 문제로 회귀하려고 했다는 점에서 선불교는 초기 불교의 정신을 회복하려는 운동이었다고 볼 수 있다. 교종이라고 분류되는 천태종이

남종선의 전통 중 가장 영향력이 있었던 것은 임제의현(臨濟義玄, ?~867)이 창시한 임제종(臨濟宗) 그리고 동산양개(洞山良价, 807~869)가 창시한 조동종(曹洞宗)이다. 특히 이 중에서 임제종은 동아시아 사상계나 문학계에 끼친 영향이 지대했다. 우리나라의 성철 스님이 임제종을 다시 살려서 선불교에 활력을 불어넣으려고 했다.

나 화엄종은 이론지향적인 종파이기 때문에 주로 지식인층에게 호소력을 가지고 있었던 것과는 달리, 선종은 개개인의 실천과 수행을 강조했기 때문에 대다수 민중에게 강한 설득력을 가지고 있었다. 결국 선종의 발전은 불교가 가장 밑바닥의 민중에게까지 전파되는 계기가 되었던 셈이다.

주희

전체 중국 대륙이 불교로 회귀해갈 때, 새롭게 유학 사상을 사유하며 불교와 맞서 싸우려는 일련의 사유 경향이 출현하게 된다. 그것이 바로 주희(朱熹)에 의해 집대성된 성리학이라고 불리는 유학 사조이다. 이런 점 때문에 중국 철학사가로 유명한 펑유란(馮友蘭)은 성리학을 신유학(新儒學)이라고 부른다. 신유학은 글자 그대로 '새로운 유학'을 의미한다. 왜 송나라의 유학자들은 공자와 맹자의 사상을 새롭게 만들어야만 했는가? 그것은 바로 다름 아닌 선종으로 상징되는 불교 철학 때문이다. 결국 신유학의 새로움은 불교 철학이 낡은 것으로 만들어버린 공자와 맹자의 사상을 다시 새로운 의미를 가진 것으로 만들었다는 데 있다. 이것은 신유학의 새로움이 불교 철학과의 투쟁에서 얻어졌다는 것을 말해준다.

혜능이 들려주는 이야기

　　대중들이여! 불법에 빠름과 느림의 구분은 없지만, 사람에게는 영리함과 우둔함의 구분이 있다. 우둔한 사람에게는 단계적으로 닦도록 가르치지만, 깨달은 사람은 곧장 바로 닦는다. 자신의 본심을 아는 것이 바로 자신의 본성을 보는 것이다. 깨달으면 원래 어떤 차별도 없고, 깨닫지 못하면 영원히 윤회할 것이다.

《육조단경》

　　善知識, 法無頓漸, 人有利鈍. 迷卽漸勸, 悟人頓修. 識自本心, 是見本性. 悟卽元無差別, 不悟卽長劫輪廻.

한자 풀이

善知識(선지식) : 불교에서 대중들을 부를　　　元(원) : 원래
　　때 쓰는 말　　　　　　　　　　　　　　長劫(장겁) : 오랜 세월
迷(미) : 미혹하다

깊이 읽기

　　선불교의 정신을 나타내는 용어 중에 '직지인심(直指人心)'과 '견성성불(見性成佛)'이라는 말이 있다. 직지인심이란 다른 과정을 거치지 않고 곧바로 본래 깨끗한

자신의 마음을 자각한다는 의미다. 집착으로 더럽혀진 마음이 아니라 원래의 맑고 깨끗한 마음을 선종에서는 불성(佛性)이라고 부른다. 그래서 직지인심에 이어 견성성불이라는 말이 등장한다. 이는 자신에게 불성이 있다는 것을 직접 체험하게 되면 곧 깨달은 자(부처)가 된다는 것이다. 이 두 구호를 통해서 선종은 자신이 경전 공부를 위주로 하는 교종과는 다르다는 점을 분명히 피력한다.

여기에 인용한 혜능의 설법에서 빠름과 느림, 즉 돈점(頓漸)이란 돈오(頓悟)와 점오(漸悟)를 가리킨다. 어떤 인연이나 계기를 만나 바로 단번에 자신의 불성을 깨닫는 것이 돈오라면, 점오는 계단을 밟는 것처럼 천천히 깨달음의 단계를 거쳐서 마침내 자신의 불성을 깨닫는 것을 말한다. 돈오가 선종의 정신에 부합한다면 점오는 교종의 정신을 반영한다고 할 수 있다. 결국 혜능은 돈점이라는 개념을 통해서 자신의 선종이 더 탁월한 인간에 의해 지지되고 있다는 점을 은근히 자랑했던 셈이다.

 더 읽어볼 만한 책

스즈키 다이세츠, 《아홉 마당으로 풀어쓴 선》, 심재룡 옮김(현음사, 1986)

스즈키 다이세츠는 선불교를 세계적으로 유행시킨 학자다. 한때 미국 호텔에는 《성경》과 함께 반드시 스즈키 다이세츠가 쓴 책이 놓여 있곤 했다. 저자는 혜능 이후 선불교의 선사들이 제자들을 깨우치는 방법으로 사용했던 화두에 주목한다. 화두란 논리적 이성으로는 풀기 어려운 문제로서, 만약 제자가 이것을 풀게 되면 그는 스승으로부터 깨우쳤다고 인정받게 된다. 물론 화두 때문에 선불교가 난해하다는 인상이 가중된 것은 사실이다. 그러나 저자는 화두라는 문제와 그에 대한 해법이 함축하고 있는 깨달음의 논리를 아홉 개의 장에서 분명하게 밝히고 있다. 더욱이 이 책의 맨 앞에 실려 있는 스위스의 심리학자 융Carl Gustav Jung의 서문은 불교와 정신분석학, 나아가 동양 사상과 서양 사상 사이의 대화 가능성을 보여주고 있다는 점에서 매우 중요하다.

정성본 옮김, 《돈황본 육조단경》(한국선문화연구원, 2003)

이 책은 혜능으로 상징되는 선종에서 가장 중시하는 경전으로서 돈황에서 발견된 《육조단경》을 번역한 것이다. 돈황본이 발견되기 전에 보았던 《육조단경》은 후대인들의 가필과 첨삭이 많았다. 바로 이것이 혜능의 사상을 가장 온전하게 전달하고 있는 돈황본이 학술적으로 중요한 이유다. 교종이 치밀하고 논리적인 이론서를 중심으로 불교의 가르침을 전개했다면, 선종은 언어적 표현과 논리보다는 제자들과 직접 만나서 깨우치는 데 관심을 가졌다. 그래서 혜능의 설법은 상황마다 조금씩 강조점을 달리하는 경향이 있다. 오랫동안 선종의 이론과 역사를 연구했던 전문 연구자인 옮긴이는 자신의 축적된 연구 역량을 《육조단경》 번역에 십분 활용하고 있다. 일반 독자가 읽더라도 큰 지장이 없는 좋은 번역서다.